はじまりの神道神学、希望への道標

Hajimari no Shinto-Shingaku,
Kibou e no Michishirube

小堀邦夫
Kohori kunio

はじまりの神道神学、
希望への道標

目次

はじめに

なぜ今、「神道神学」を問うのか？

神道の今

神道は亡びつつあります。世界資本主義に国や国民とともに組み込まれるか、あるいはそれに迎合して、自らの安寧と繁栄を望んだがために、神道は亡びつつあります。

神社神道の場合で言えば、限界集落がつぎつぎに出現することは取りも直さず、ちかぢか多くの神社が消滅することに他なりません。

それぞれの神社によって経てきた歴史時間の長短に違いはあるものの、数えきれない人々がお祭りを行ってきた施設の消滅は、聖なる儀式や貴重な伝統行事がなくなってしまうことを意味します。私は神宮、神社のお祭りを、「文化継承の遺伝子を未来へ伝えるためのシステム」だと考えてきました。社殿に鎮まる祭神たちは、そのシステムの中枢にあって、いつ始められたか、いつ産まれたか定かではない文化の遺伝子を未来へ伝えていくことに、氏子や崇敬者とともに熱心であり続けてきました。

「限界集落」という名に象徴されるもの

文部科学省はこの五十年ほどの間に、どれほど多くの神社が、生物種《しゅ》の絶滅と同様に亡骸となってしまったのかを気にも掛けていません。おそらく弥生時代以来三千年ほどの精神文化の遺伝子を神道のお祭りというシステムが支えてきましたが、今日では科学という論理的横暴さを歴史的真実と考える人々によってそれらは多く見捨てられてきました。

一例を挙げれば、一票の平等性を金科玉条とする法律家たちが実現し得る社会は、東京を代表とする都市文化の優位を誇るものでしょう。

しかし、東京は飲料水を作れず、大阪は澄んだ空気を作れません。限界集落という名に象徴される、悲しむべき農林山村が、それらを育んできた以上、一票は平等ではありません。都会の飲み水を都会の住民が育むことが叶わないならば、生命を支える飲み水のもとでは一票は平等ではなく、むしろ農村山村が優利な一票の不平等が望ましいでしょう。

あるいは、原子力発電所による放射能汚染を覚悟して、都会へ電力を送りつづけている集落の多くは海辺にありますが、この住民たちの一票は電力を享受する住民たちの一票と平等なのでしょうか。電気事業法によって、高い設備投資をすればするほど、高い収益に有り付けるという電力会社とその関連事業者に道義という精神文化は育っているのでしょうか。安全と言うなら東京に原発を作れ、と叫んでいた人々はやはり一票の不平等、不公平を知っていました。

数えることのできない多くの子孫たちのために、今日唯今、いかにして現代及び近未来を生きる人々の道義心を発掘し、それを育て広めていくことができるのでしょうか。

私は神職としてその指針を構築するために、「神道神学」のせめて骨子だけなりとも示しておきたいと考えています。本書の問題提起は、近現代における神道のありようの正邪を明らかにすることであると同時に、この文明の致命的な問題について、生涯かけて責任ある回答を子孫に残しておきたいと願うところから発せられています。

「かみのみち」に多くの新たな要素が加わる理由

現在使用している「神道」の語はその発生当時、用明天皇紀に「天皇仏法《ほとけののり》を信《う》けたまひ、神道《かみのみち》を尊びたまふ」や孝徳天皇紀に「佛法《ほとけのみのり》を尊《たふと》び、神道《かみのみち》を輕《あなづ》りたまふ」などと我国の正史『日本書紀』に記されますように、仏法（仏教）とは異なるわが国固有の宗教世界を神道として捉えようとしています。言い換えると、神道は仏教等の外来文化を知ったとき、日本固有の精神文化を包括するために発生した言語概念でもあります。

この傾向が今なお続いていることが、神道の信仰に多くの新たな要素を加えてきました。

その大きな実例のひとつが「教派神道」の発生と興隆に他なりません。神道神学上この教派神道を含めてさまざまな神道と見なされている宗教に分類を試みたのは、小野祖教氏でもう五十年ほど昔のことになりますが、この分類を私共は学習して以来、「神道」の広く大きな範囲の中での教派神道が私共の神社神道の近くにいつも存在していることを忘れたことはありません。

神道神学は「自らの拠って立つべき思想」を問う試み

神道を構成する諸要素が、左図で全て掬い上げられているとは言えませんが神道神学の体系をおおよそ思い描くには大きな誤謬は見当たらないと考えられます。

小野祖教氏は神学の方法論（問題提起の対象）を三つに分けて提示しています。

⑴理論神学、⑵歴史神学、⑶実践神学の三分類ですが、國學院大學の安津素彦、上田賢治、安蘇谷正彦等各氏、また皇学館大学の谷省吾氏等の考究を見れば、⑴と⑵についてそれぞれ独自の思索の成果を示されています。⑶は奉仕学（祭式学等）と教科学（説教

小野祖教氏の神学分類図

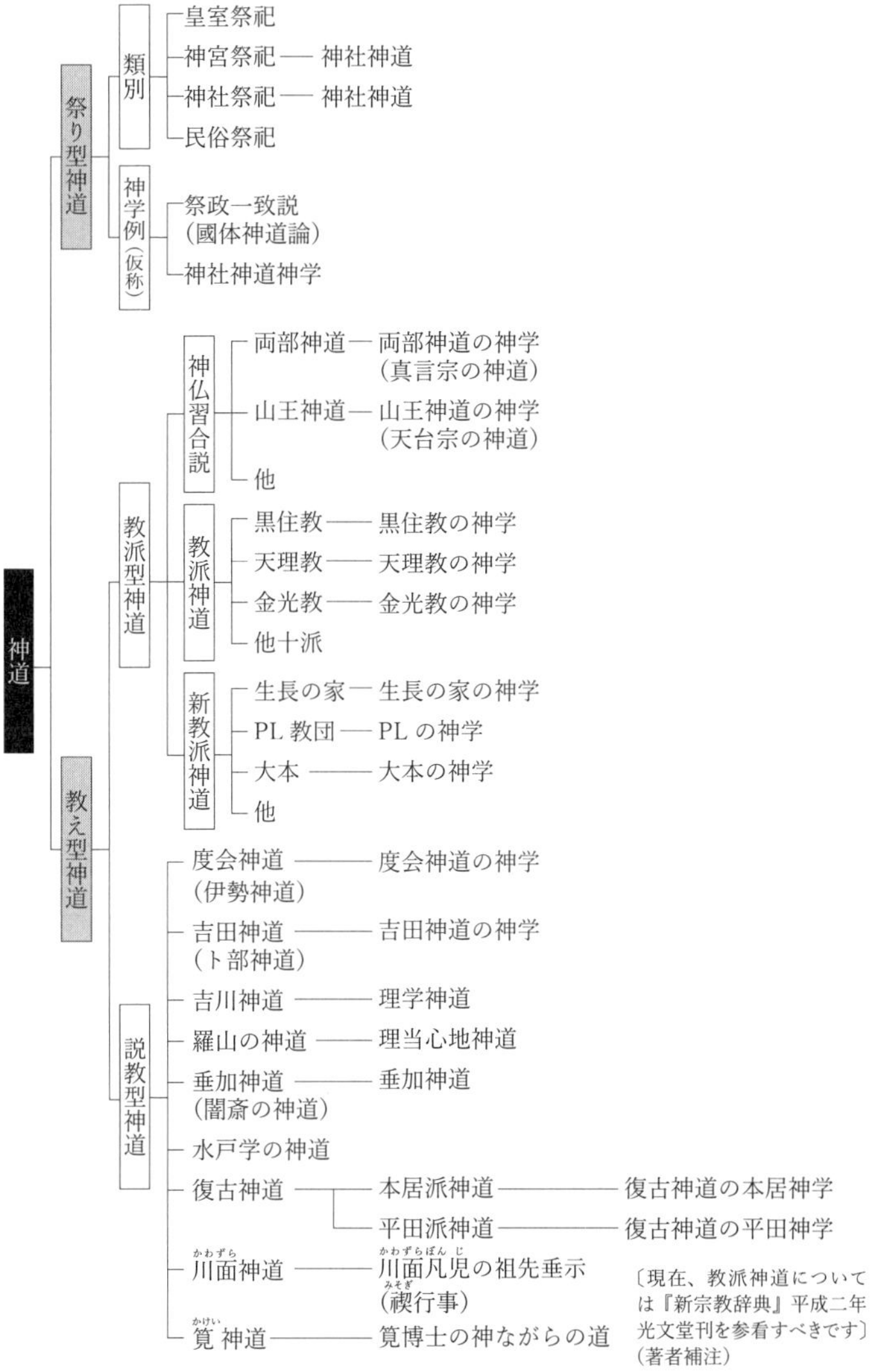

学等）から成りますが、神学の論文として発表されることは少ないと見られます。

敗戦後に自らの拠って立つべき思想を構築しなければならなくなった神社神道には、差し迫った学術的要請として神道神学と神道教学が浮上しました。神学と教学の境目やその本質論について様々な議論が錯綜し、それは多く今日においても解決を見ていないと思われます。暫定的に私は神道教学は同神学の一部分と考えておきたいと思います。

本書も含め、端緒についたばかりの神道神学の試みが、神道に関わるあらゆることを学術的に可能な限り本質まで明らかにし、いつの日か神道神学と呼べるほどの体系を築き上げられるとすれば、神道教学には同神学の一部として、対外的に教化教育の先頭に立つべき学術的体系を求められなければなりません。

日本の近現代の本質をいかに捉えるか？

小野氏の神学の対象となる黒住教や天理教、また金光教、大本と言った諸宗教が神社神道とどのような関わりを持ち、どのような神道神学を構築したのでしょうか。私は和歌山市在住の友人に天理教の天理王命を奉斎する「おぢば」に案内してもらうことがあり、そこでは朝夕のつとめが日々欠かさず行われていると説明されました。「お」は中世の「おん」と同じ敬意を表す接頭語ですから、「ぢば」が本来の語でしょうが、そこで拝礼し拝見したものは、おそらく古代の「磐境《いわさか》」に通じる祭場の姿であると思われます。これを天理教神学はどのように解明されているのか、寡聞にして知りません。

伊勢の神宮（伊勢神宮は通称）を含めて神社神道の神学理解において、天理教の「ぢば」をいかに考えるかは全く未知の分野のこととなりますが、このような関係性を求めること自体なされてきてはいません。つまり、神道神学の大きな枠内に神社神道と天理教を始めとする教派神道の神学上の相互理解がないのです。したがってこの種の神学上の未知の問題はいつまでも次世代へ送られることになります。神社神道側は、神学と教学の分別には熱心でしたが、神道という概念で包括されるであろう全体を把握する学術体系として「神道神学」を考究してこなかったことが、神道教学の現状を曖昧模糊のままにしてきたのではないかとも思います。その最大の課題が近現代をいかに把えるかとの点にあり、それは取りも直さず幕末以来の神道神学とそこに包摂される神道教学に突きつけられてきた検討事項に他なりません。

未熟な本稿で私が取り上げたいと考えたのは、日本の近、現代の本質とは何かということと遠い子孫たちがこの深刻極まりない文明をいかに克服していけば良いのかとの二点です。神道神学は一人神社神道だけの課題ではなく、教派神道はもとより、神道を信仰や思考の基盤と自負する立場の者にとって、この二つの課題が将来の神道を生かしめるものになると思われます。と同時に、この着実な考究をつづけていくことがやがて、近代以降、世界資本主義に犯されきた日本およびアジアの基層に眠る非近代の環境と精神文化に新たな発見をもたらし、子孫たちに希望ある文明のありようのいくつかを届け得るのではないでしょうか。

希望へ。「近現代の二十一世紀」を超えて

本書は、上代祭祀言語篇と環境問題篇からなる二部構成です。上代祭祀言語篇は、飛鳥、奈良時代の言語から神道とは何か、人とは何か、命とは何か、心とは何かといったことを明らかにしたいと思い、執筆しました。主要なテキストは、『古事記』注一（記と略。以下同様に）、『日本書紀』注二（紀）、『万葉集』注三（万）、『和名類聚抄《わみょうるいじゅしょう》』注四（『和名抄』）などです。

上代祭祀言語の探求によって、千数百年前の私どもの言語の中に今とは全く異なる考えがひそんでいることを私たちは知ることができます。

第一部の本篇では、本書の書名として掲げた「はじまりの神道神学」のあらましを知っていただくために、わが国のそれらの言語が包み込んでいる上代精神文化の中枢を明らかにしたいと考えました。上代祭祀言語の重要な点を理解して頂いた上で、現代が直面している最も深刻な課題、環境問題についてまとめた第二部を読んでいただけたらと思います。

言葉は、その意味するところを時とともに変遷させながらも、いつの時代も人々の暮らしとともにありました。上代と呼ばれる時代の言語も同じです。それらをたんに知識としてではなく、今の私たちの源をつくった人々が生きた証として、いきいきと感じられるように学んだとき、それは私たちの生き方を問い直す力をもつことになるはずです。

今なぜ、この神なき時代に、あえて「神道神学」を問うのか？　それは、ヒトを超えるカミというチカラに尊崇を抱いていた時代の人々の心とありように、上代から育まれてきた非近代の視座に、近現代の文明を根本から問い直し、「希望への道標」を示しうる可能性があると信ずるからです。

それはすなわち、近現代の価値観からいまだ逃れられない二十一世紀を超えるということであり、ここに至ってはじめて、神道神学はそのあるべき道を歩み始めることができると思われます。

I 上代祭祀言語篇

本書の第一部は神道神学の上代言語篇として執筆しました。御霊《みたま》や産霊《むすひ》と言った上代言語のうちで、キーワードと見られる、神《かみ》、血《ち》、霊《ひ》と言った上代語の説明をすることによって、わが国の基礎となった精神文化の内容を示したいと考えています。おそらくそこには、今まで誰もが見てこなかった世界が現前と伝えられてあることに感動を覚えることと信じます。

一章　神道神学の基層〜御霊を祭る国

孤独と宇宙

嬰児は生誕後しばらくすると、何かを捜しているような眼差しを見せたり、ほたほたと笑まう表情を見せたりして、親たちを喜ばせてくれますが、それ以外の多くの時間を沈黙して過ごしながら、成長をつづけていきます。一歳か二歳か、言葉のような声を発し始めると、おそらく孤独という得体の知れないものが心に芽吹いてきます。

やがて成長に伴い、家族や訪れてくる人々によって、集団の中で生きている自分自身に気が付きます。望むと望まないとにかかわらず、集団の中でその子の孤独は他者とは異る彩りを自覚することがうながされます。

十代にもなると、明確に他者とは異る孤独を自覚し、それは一体何であるのかと考え始め、時には考えがまとまらないままに、そこから逃《のが》れる道を捜し出すのに苦悩することになるばかりか、まれに自ら自分の命を終らせてしまうことも起こり得ます。

この孤独というものは、「その人の固有の宇宙」を包み込む器を意味するとも考えられます。様々な多くの人々の宇宙の影響を受けながら、「その人固有の宇宙」は形成されますがしかし、かならずしも孤独が包摂している宇宙はひとつとは限りません。一人一人が誰であっても孤独という器の中にそれぞれの人が成長と共にたくわえてしまった宇宙をいくつも抱えているということです。

したがって次の問題は、その人の死によってその人の宇宙は消えて無くなってしまうのか、あるいはばらばらな状態となって、どこかへ去ってしまうのか、と言ったことが深刻な課題となります。死というのは抽象的な意味合いの言葉ですが、具体的に言えば死とは亡骸《なきがら》のことです。殼（体）に収まっていた何かが亡くなる（失《う》せる）ことです。孤独や孤独が抱えていたいくつもの小宇宙が体から出て行ってしまうことが死の具体的意味です。

『万葉集』の時代とも言える六世紀から八世紀にかけての時代に記録された上代の言語世界では、人が抱えていた小宇宙のことをおそらく、「御霊《みたま》」と理解していたと思われます。霊《たま》に尊敬の接頭語である御をつけた言葉が御霊です。その霊《たま》が体から出てしまうと、そこには亡骸が残されると信じられてきました。何の反応も示さなくなってしまうまで、何日間も後世言うところの通夜《つや》の営みはつづけられました。おそらく人以外の全ての生物は従容《しょうよう》と死地に赴くことを常とし、他者の死に対して久しく悼み、悲しむことはないでしょう。これに対して人は、親近の差異はあるにしてもその死を幾日間も悼み、悲しむばかりか、それは一年間を越えてもつづけられることがあります。

人が一生《ひとよ》に抱えてきた孤独が内包してきたいくつかの宇宙を参会した人々は偲び、思い出として語ることによって、それぞれの人々の宇宙と融合したり、離反したりして、新たにそれぞれの宇宙を形成します。

このような宇宙の総体を上代言語で「御霊《みたま》（御魂）」と呼びならわしてきました。他民族の葬送の習俗は存じませんが、わが国では、御霊を現実生活と切り離して、その考え方だけを伝えるような習慣は持ちませんでした。「御霊を祭る」という行為は遅くとも弥生時代には続けられていたと考えられますが、「祭る」という行為の原義は、心をこめて生産した米を始めとする穀物や何かを「奉《たてまつ》る」ことにあることからもそれはわかります。いのちの源になる穀物を奉ることと御霊を祭ること、それは、上代の人々にとっては源を同じくするひとつのことであったと思われます。

死について考える

上代の人々が御霊と呼びならわしてきたものに思いを馳せるとき、そこからおのずと生じてくる問いがあることに気づかされます。それは、生とは何か、死とは何か、という誰もが心の奥底に眠らせている根源的な問いです。

少し話が回り道になりますが、「なぜ人は死ぬのか」との問いの答えを私は聞いたことがありません。例えば、医学は「なぜその人が死んだか」という理由を教えてくれますけれども、「なぜ人は必ず死ぬのか」という理由説明をしてくれません。人以外の生物も「必ず死ぬ」ということはなんとなく経験として誰もが知っています。リクガメの中には百歳を越える長生きに恵まれるものもいるようですが、それでも死を避けることはできません。リチャード・ドーキンスもこの点については正解を示していないと思われますが、おそらく、物理学の熱力学第一法則と第二法則にその回答を見出すことができるのではないでしょうか。

第一法則は、永久機関は存在しない、というものです。十六、十七世紀あたりには永久機関を発明しようとした科学者たちはいましたが、誰一人成功しませんでした。大雑把な例え話ですが、水を入れた器から落下する水によって、水車を回します。この水車の回る力を利用してもう一度器へ水をもどすことができれば、この機関は永久に水車を回しつづけられると考える類のものでしたが、ことごとく失敗に終りました。

永久機関は存在しない、というだけであれば経験則にすぎません。そこから、「なぜ人は死ぬのか」の理由を引き出すことはできませんが、しかし、熱力学第二法則と合わせて考えれば、経験則が示す過去の時間は、未来という時間にもつながっていることが見えてきます。

この法則は、物理学の中で始めて過去から未来への時間を取り入れた法則で、一名エントロピー増大の法則とも呼ばれます。エントロピーを「汚れ」と訳すことがありますが、どのような生物であれ、時間の経過とともにエントロピーは増大し、やがて死を迎えることになるとこの法則は語っています。それが脂肪であるか、コレステロールであるか、何であっても必ずエントロピーは時間の経過とともに「一方的」にかつ「不可逆的」に増大し、それらを取り除くことができたとしても、やがて再びエントロピー（汚れ）は不可逆的に増大しますから、必ず死を迎えることになる、というのがこの法則です。熱力学第二法則は別名、不可逆の法則と呼ばれますが、それは、時間を未来から過去へともどすことが不可能であることを意味しています。

御霊は生と死をつなぐ

生と死を区分けし、「生ある者は必ず死あり」、「生は死の始まり」などと言われることがあります。あるいは、生の偶然性に対して死の必然性を説かれることもありますが、わが国の考えでは、生と死をひと連なりのこととしてとらえ、両者を貫く「御霊《みたま》」を祭ることの重要さを伝えてきました。

ここにも神道神学が「死」について考えなくてはならない契機があると言えます。その探求は、「御霊を祭るとはどういうことか」という神道神学の基層にある問いを、根源まで深めていくことになるだろうと思われます。

二章　もう一つのカミの呼び名

チと名付けられた神

先に記したように、神道の語が「わが国固有の精神文化を包摂するもの」として現れてきたのは、文献から六世紀ごろであったと推測されます。カミ（神）に相当する語は、それ以前からあったと考えられますが、『万葉集』や記紀などにみえる「チ」という語、おそらくこの語がカミと同等か、それ以上に畏怖されていたものではないかと思われます。上代の人々が何を「チ」と呼んでいたのか。まず、いくつか例を掲げてみます。

【ククノチ】木の祖《おや》・句句廼馳《くくのち》［紀］、久久能智《くくのち》［記］――――(ア)

『延喜式』注五の大殿祭祝詞《おおとのほがい》には、屋船久久遅命《やふねくくのちのみこと》とあり、本文の注には「是《こ》は木《き》の霊《みたま》に坐《ま》す」と説かれていますが、ククノチは「茎のチ」の意と考えられます。ある語の子音はそのままに母音を交替（変化）させて新しい類語を派生させたり、逆に母音をそのままに子音を変化させることで意味のつながる類語を生み出してきたのは、日本語の特徴の一つと言われますが、このような語形の変化は交替形と呼ばれます。ククもそうして生まれた語の一つで、クキ（茎）の交替形です。天《あま》つ神のアマが天地《あめつち》のアメの母音を変化させた語であるのと同じです。

【カグツチ】火の神・軻遇突智《かぐつち》［紀］、火之迦具土神《ひのかぐつちのかみ》［記］――――(イ)

カグは、迦具夜比賣《かぐやひめ》［記］のカグで、耀《かがよ》ふのカガと同じ。激しい雷光のような威力を表す。耀《かぐ》の意を受けて、カグツチという語は成り立っていると考えられます。。

【ヤマタノオロチ】八岐大蛇《やまたのをろち》〔紀〕、八俣遠呂智《やまたのをろち》〔記〕――――（ウ）

「を」は尾《を》（峯《をね》）のことで、「ろ」は「を」を強める間投助詞です。これは、尾のチ意を受けたチですから、尾のチ。

【ミヅチ】水の神・美豆知《みづち》〔和名抄〕、蛟龍《みつち》〔万〕――――（エ）

水の精、つまり蛇のことで、このチは、水のチ。『和名抄』注四では美豆知、『万葉集』では蛟龍の漢字があてられています。

【ハヤチ】迅風《はやち》・疾風《はやち》〔紀〕、暴風《はやち》〔和名抄〕――――（オ）

疾風《はやて》の古語が、ハヤチ、初冬に吹き起る強い風を言います。東風《こち》のチと同じく、「速きチ」を表すと考えられます。

【イカヅチ】雷《いかづち》［記紀］————(カ)

厳《いか》は「いかめしい」の意。「厳《いか》つ」は「厳の」という意味ですから、イカヅチとは厳の意を受けたチ、厳のチということになります。

　これらチの例が神と同等か、それ以上に畏怖すべきものと考えられてきましたが、比較されるべき神とは何かという整理については大野晋著『日本人の神』[注六]が現在最も優れた考察に富んでいますので、後ほど紹介することとして、今は神を「酒食や歌舞をたてまつり、加護を求める神聖な存在」としておきます。

チとは何か

チの不思議な力

さて、(ア)～(カ)のチに共通するところを捜すと、炎が瞬時に燃え上がったり、めらめらと動いたりする不思議さ、水や風や雷の人には捕えられない素早い動き、あるいはそれを生み出しているものの不思議さなどが考えられます。

八岐の「尾のチ」の恐ろしさは、その尾（峰《をね》）の大きさと動きの速さにあり、それを司っている不思議なチを、神という語を使う以前から遠い祖先たちは崇めていました。

しかし、そのような不思議なチがやがて神という語に吸収されていったことを(イ)のカグツチの例から知ることができます。『古事記』では「神」の語とともに「火之迦具土神」と示されたカグツチは、『日本書紀』では「神」をつけず「軻遇突智」と呼ばれています。本来「かみ」の語をつける必要はなかったことを示す例です。

このようなチの性質の最も明らかなのは、㋐の「茎のチ」です。茎（植物の中軸）の内を流れ止まないもの（樹液・乳液）の環流を司っている不思議なチを神という語を使う以前から遠い祖先たちは怖れ崇めていました。

人の血を母乳の乳《ち》と同じく、体内を素早く環流している不思議なものと考え、またその速さを生《う》みなすものの不思議さをも神と同等か、それ以上の畏怖すべき存在と見ていました。これらのチを総括する漢字は、のちに説明しますが、「霊《ち》」を宛てるのが適切です。

チから神が生まれる

「火の神・カグツチ」、「水の神、ミヅチ」とあるように、神とチは対応していますが、次の記紀の伝えは、チの持つ偉大な威力を物語ります。

ここに伊邪那岐命《いざなぎのみこと》、御佩《はか》せる十拳剣《とつかのつるぎ》を抜きて、その子迦具土神《かぐつちのかみ》の頸《くび》を斬りたまひき。ここにその御刀《みはかし》の前《さき》に著《つ》ける血、湯津石村《ゆついはむら》に走り就《つ》きて、成れる神の名は、石拆神《いはさくのかみ》。次に根拆神《ねさくのかみ》。次に石筒之男神《いはつつのをのかみ》。次に御刀の本《もと》に著《しる》ける血も亦、湯津石村《ゆついはむら》に走《たばし》り就きて、成れる神の名は、甕速日神《みかはやひのかみ》。次に樋速日神《ひはやひのかみ》。次に建御雷之男神《たけみかづちのをのかみ》。（略）

次に御刀の手上《たがみ》に集まれる血、手俣《たなまた》より漏《く》き出でて、成れる神の名は、闇淤加美神《くらおかみのかみ》。次に闇御津羽神《くらみつはのかみ》。上《かみ》の件《くだり》の石拆神以下《よりしも》、闇御津羽神以前《よりさき》、併せて八神《やはしら》は、御刀《みはかし》によりて生《な》れる神なり。［記］

イザナキの命（上代語ではナギではなくナキと発音します）が、妻のイザナミの命がカグツチを生んだために亡くなってしまわれたことを悲しみ、怒り、カグツチを斬ってしまわれたところ、神聖な岩という意味の「斎《ゆ》つ岩群」に飛び散った血から八柱《やはしら》の神が生まれたと伝えます。同様の伝承は紀の第五段・四神出生章《ししんしゅっせいしょう》の一書の第六と第七にも、カグツチを「斬りて三段《みきだ》」となしたところ、記と類似の神が「化成《な》」ったと伝えますが、記が一つのストーリーで記述されたことに対して、紀は「一書《あるふみ》に曰《いわ》く」というかたちで別伝承をいくつか載せて叙述されます。紀はわが国最古の正史として異伝を収載することによって、その伝承記録の価値の重さを今に示しています。

聞きなれない神々が、迦具土《かぐつち》の「血」から生まれたと伝える記紀の神代《かみよ》の物語りは、文字文明を持たなかった人々によって、どのような節回しであったかは分かりませんが、物語られることによって神代の伝承は貴重な内容を失うことがありませんでした。八岐大蛇の怖しい物語りや火の神が斬首される残酷な物語りは、宮崎県高千穂《たかちほ》の夜神楽《よかぐら》と同様、おもしろく演じられていたためその物語りを伝えることが楽しみであったことでしょう。迦具土のチから生まれた神は、石や木の根を裂《さ》き、石を粉粉にする雷《つつ》（諸説あり）であり、ミカ（ミ厳《いか》）の速霊《はやひ》や火《ひ》の速霊であり、御雷《みいかつち》であり、クラ（谷の意の古語）に住む神やクラを流れる水（御津《みつ》）の神などでした。迦具土のチから雷、火、水などの神が生まれたのは、そのチの比類ない激しさに依ることでした。

紀の軻遇突智《かぐつち》については、『日本書紀』（岩波書店）によると次のように民族学的注釈もなされています注七。

火が女陰から得られるという話はニューギニアを中心とするメラネシアと、南米に多くあり、火切杵《ひきりぎね》と火切臼《ひきりうす》とを使用する発火法が、男女の交合を連想させる所に起源するものであろうという。また、火を生むことによって、女性が死に、男性と別れるに至るのも、右の発火法からの連想によって解釈される。軻遇突智神話中に多い死体化生のモチーフは東南アジア・メラネシア・南米に広がっており、焼畑耕作を背景としている。

焼畑耕作を背景にした考察は、言語資料として乏しいため、この見解をどこまで納得できるのか、今後の課題です。焼畑に蕎麦《そば》、稗《ひえ》、麦、粟《あわ》、大豆などをまきつけて栽培するこの農法は近代まで残っておりましたから、「火」の神聖性は忘れられることはありませんでした。ただし、七世紀後半には、カグツチの神という言い方が一般的になってきますから、そのころにはチとカミの違いは分らなくなっていました。

つぎにチの語義について考えてみることにしましょう。

「イのチ」が示す二つの語義

体内を環流する血や母から貰う乳《ち》が、茎の中を環流するチと同様であることなどから、容易に推測できるのは、「イのチ」のチもまた同類の語であろうということですが、では、イのチ（命）の「イ」とは何かと問うと、私は二つの語義が示されると思います。一つは「胆《い》のチ」であり、一つは「息《い》のチ」です。『和名抄』には古代の内臓についての語がいくつか拾われています。

肝　和名岐毛《きも》　　脾　和名与古之《よこし》
肺　和名布久不久之《ふくふくし》　　腎　和名無良止《むらと》
大腸　和名波良和太《はらわた》　　小腸　和名保曽和太《ほそわた》
膽　和名伊《い》

最後の膽は胆と書く方が一般的で、どちらも「イ」と国語（和名）では言います。漢方の胃の薬とされる「熊《くま》の胆」の「イ」と同じです。『和名抄』ではこれを「中精の府」と解いていますように、内臓のうちでも最も重要なものという考えがあったようです。したがって、血の環流を司《つかさど》るのが「胆《い》」と考えられることから、「イのチ」の「イ」は「胆」ではないかと推測されますが、つぎの「息のチ」の「息」についてはさらに重要な語義があります。

紀の第六段「瑞珠盟約章《ずいしゅめいやく》」本文を要約して示します。

素戔嗚尊《すさのをのみこと》が天照大御神の治めている高天原《たかまのはら》を奪いに来たのではないかと疑い、共に「誓《うけ》ひ（占《うらな》ひ）」をすることになりました。素戔嗚尊は三柱《みはしら》の女神《ひめかみ》を生み、天照大御神は五柱《いつはしら》の男神《ひこがみ》を生みました。

記では男女が逆になっていますのは、紀が中国の儒教的な考えによって男をすぐれたものとしていた結果であるとされます。男女八柱の神が生まれますが、共に「吹《ふ》き棄《う》つる気噴《いふき》の狭霧《さぎり》に生まるる」神であったと伝えます。「吹き棄つる」とは「吹き捨《す》てる

（捨《す》つと同語）ことで、「気噴《いふき》」は「息」のことですから、神の吐き出した息が霧となり、そこに神が生まれたというのです。動詞「生《い》く」の名詞が「生き（息）」であったと見られますから、『万葉集』に頻出する「伊能知《いのち》」の「イ」に相当する語が息であったと考えられます。「イノチは息《い》の霊《ち》」であると見られます。

息の霊がヤムとき

イノチが衰《おとろ》えてくるとき、目を病む、歯を病む、胸を病むと言った「病む」状態に陥りますが、これは「チが止む」つまり、激しく間断なく環流していたチが停止することを意味します。この止むという語は、雨・風・霞・雲などの動きの継続している現象が自然に消えて静まることを指します。したがって病むことは死を予想させます。

「死ぬ」の「シ」は「ニシ（西風《にし》）」などのシで、風の意味です。また、シナガドリ（息長鳥《しながどり》、水鳥のカイツブリ）のシで息《いき》のことですから、息も風の一種ととらえるのです。「ヌ」は「イヌ（往ぬ）」とも使われるように、いたものがいなくなる、無くなる意味で、すぐどこかへいってしまう犬も同じ意味です。このような「シ」と「ヌ」の意味から「シヌ」が意味するところを推し量ってみると、「シヌ」とは「シ（息）が絶えること」と考えられます。「生く」の名詞が「生き（息）」ですので、それは「死ぬ（息《し》往《ぬ》）」の対義語と見られます。ちなみに文語動詞でナ行変格活用の動詞は、「死ぬ」と「住ぬ」の二つだけです。「死ぬ」は口語では五段活用となりますが、「往《い》ぬ」は標準的口語では用いられなくなりました。しかし、私ども関西人には帰ることを往《い》ぬと言うように、国語（編注／古来よりこの国の人々に受け継がれてきた言葉の意）の中にはまだ残ってはいます。

チギとヒギに合い通ずる霊威

現代人は誰もが高層ビルの住居を含めて高床式の住居に暮らしています。地面を土深く掘ってその上に屋根や壁を構える竪穴式住居の暮らしを縄文時代の人々は一万年ほどつづけていましたが、奈良、平安の頃になるとそれは次第に捨てられてしまったようです。その時代の名残として千木《ちぎ》や鰹木《かつおぎ》を神社の屋根に見ることはできますが、神社建築はすべて高床式穀倉をもとにしたものと考えられますから、縄文の名残としては千木と鰹木だけかも知れません。

問題は千木です。高床式穀倉や神社の千木は、破風《はふ》（搏風とも）とも呼ばれ、上代の日常生活では仰ぎ見る神聖なものでした。萱葺屋根《かやぶきやね》の建物の切妻《きりづま》のところに、丸太か板で合掌《がっしょう》に組まれ、先端は屋根から角《つの》のように出ているのが千木です。

疾風《はやち》や東風《こち》といった激しさを持つ「チ」を受けて聳えている千木は、延喜式祝詞《えんぎしきのりと》注八などの上代語として「高天原《たかまのはら》に千木高知《ちぎたかし》りて」と建物を誉め称える祝詞などでよく知られていますが、記にはこれを「高天原に氷木《ひぎ》高知りて」や「氷椽《ひぎ》たかしりて」などとも記されています。この「ヒ」は紀の「神皇産霊尊《かむひむすひのみこと》」の「ムスヒ」の「ヒ」であり、記の「和久産巣日神《わくむすひのかみ》」の「日《ひ》」と同じです。「産《む》す」は生える、生じる、発生するなどの意味の語で、「霊《ひ》（日《ひ》）」はその霊威、霊力を示します。「生《む》す霊《ひ》のヒ」と「千木のチ」とが対応していますので、千木は霊木《ちぎ》または霊木《ひぎ》と崇める神聖な、建物を守護する霊威に満ちたものと捉えられていたと考えられます。

「チ」を総括する漢字「霊」

漢字「霊《れい》」は、「血、乳」などの「霊《ち》」を表すほか、「産霊《むすひ》」などの「霊《ひ》」や「霊《カミ》」、「霊《たま》」をも意味します。『和名抄』の「神霊類」から用例を拾ってみます。

山神　和名夜万乃加美《やまのかみ》
海神　和名和太豆美乃加美《わたつみのかみ》
産霊　和名無須比乃加美《むすひのかみ》
稲魂　和名宇介乃美太万《うけのみたま》
幸魂　和名左知美太万《さちみたま》
霊　日本紀云美太万《みたま》（日本紀は紀の古称）。

「霊」は「むすひのかみ」や「みたま」を表す漢字としても用いられているところから、「チ」を総括する漢字であると考えることができるでしょう。

三章　「カミ」という語はどこからきたか

日本人が思い描いてきた神の姿

神に御酒《みき》を奉《たてまつ》る、神に祝詞を申す、といったときの神の語源は何なのか、久しく正解を見ることはありませんでした。このような課題に対して大野晋著『日本人の神』は大層すぐれた多くの示唆に富んでいます。その上代以来の日本人のカミの特長について同書はこう語ります。

a. カミは唯一の存在ではなく、多数存在し、増えつづけている。
b. カミは目に触れることのできる具体的な姿や形を持たなかった。
c. カミは漂動《ひょうどう》・彷徨《ほうこう》し、時に来臨し、カミガカリすることがあった。
d. カミはそれぞれの場所や事物を領有し、支配する主体となることがあった。
e. カミは超人的な威力を持つ恐ろしい存在である故、畏《かしこ》まるべき対象となる。
f. カミを人格的に示すことがあり、イザナキやイザナミなどがある。

aについては、現在「分霊《ぶんれい》」や「分祀《ぶんし》」と呼ばれる神道儀礼として整備されています。分霊はある神社の神霊を分けてもらい、別の神社で祭ることであり、古来これを勧請《かんじょう》と言いました。また、ある神社の祭神の分霊を異る場所で恒久的に祭ることを分祀祭《ぶんしさい》と言い、この場合分霊の本体である当該神社の祭神はそのまま祭られています。このような神道儀礼によって神は今も増えつづけています。

仏神渡来の衝撃

bの具体的な姿や形を持たなかったカミの世界に衝撃的にもたらされたのは、欽明天皇紀十三（五五二）年十月条に、「西蕃《にしのとなりのくに》の献《たてまつ》れる仏《ほとけ》の相《か》貌《ほ》端厳《きらぎら》し」と伝える仏像でした。金箔をほどこした仏像は同条に「蕃神《あたしくにのかみ》（他国の神）」と見えるように、それは日本の神と異質なものとして見なされず、敏達天皇紀十四（五八五）年二月条には「仏神《ほとけ》」と記録されたようにカミと同類の崇められるべき存在とされました。中央アジアで覚者Buddhaつまり仏陀《ぶっだ》と称されたものが、中国では「浮屠・浮図」（ほと）と表記され、わが国に流入すると「フト・ケ」と呼ばれることになりました。

「フト」は仏陀のことであり、「ケ」は抽象的なものに具体性を帯びさせる語、嬉しゲや悲しゲのケと同様で、「フトケ（ホトケ）」は仏陀そのものの意味となりました。いずれにしましても、わが国の上代の人々にとって、見たこともない装飾性に満ちた仏像の衝撃は、このののち仏教文化の受容へと上代の文明を駆りたてることになりました。仏典の崇高な教理を理解する前に、きらびやかな芸術性に心奪われたことが、やがて神を祭る文化（神道《しんとう》）と仏教文化の習合を招くことになりました。

廃仏毀釈のごとき厳しく神仏を判別しようとする行動を経たのちも今に至るまで神仏習合はつづいています。神道神学を構築しなければならないとする私の考えは、学術的に神仏の判別を求めることでもあり、そのために上代語あるいは上代祭祀言語の考究が不可欠であるとするものです。

来臨する神の居所

cについて記紀のカミは、漂《ただよ》い動《うご》き、時に招きに応じそこに来臨し、人に取付《とりつ》き、神懸《かみがかり》すると言うことは、元来カミは居所を定めていないことを特長としていましたが、宮《みや》や社《やしろ》の建造物がカミの居所と考えられるようになり、いつしか多くのカミは定住していると見なされるようになりました。宮とは御屋《みや》であり、社は屋代《やしろ》のことです。どちらも木造建築物を言いますが、屋代の「シロ」は苗代《なわしろ》のシロと同じく、屋《や》（建物）を建てるための「土地《しろ》」のことで、それは仮設物であるのに対して、「ミヤ」は宮殿のように壮大な建造物を意味します。飛鳥板蓋宮《あすかのいたぶきのみや》のようなものがミヤであるのに対し、神の社のそれは臨時に設けられる木造建築物のことでした。したがって、カミのミヤと同じくカミのヤシロが半恒久的な建造物となっていくと同時にカミはそこに定住していると信じられるようになりました。また、「カミの依《よ》り代《しろ》」となる板のことを「神依《かむよ》り板《いた》」と言いました。

神奈備《かむなび》の　神依《かみよ》り板《いた》に　する杉《すぎ》の　思ひも過ぎず　恋の繁《しげ》きに　［万一七七三］

「カミが降臨するような神聖な山（神奈備）の神依り板にする杉の、思ひも過ぎ去らない恋の激しさに」といった意味の相聞歌《そうもんか》（恋の歌）です。神依り板は恋の思いが真っ直ぐに届くように杉板《すぎいた》（スギとスグを掛ける）で作るように、恋の思いもその激しさゆえに過ぎ去ってしまうことはない、と歌われていますが、この板は杉材を使うとは限らず、桧《ひのき》であってもよいようです。伊勢の神宮の三節祭《さんせつさい》（みおりのまつり）に際して行う御卜《みうら》の儀式に琴板《こといた》が使われています注九。上代のカム依り板と同じものです。

dでいうところのカミが何かを領有し、支配することを「領《うしは》く」と言いました。天皇が統治することを「知《し》ろし召《め》す」と言うことと区別される言葉です。越中の立山連峰に対する国《くに》讃《ほ》めの長歌に、

皇神《すめかみ》の領《うしは》きいます　新川の　その立山に〔万四〇〇〇〕

とあるごとく、立山《たてやま》を領く皇神がいるのと同様に、山や坂や川の瀬などを領く神の前では、捧げ物をして、通過の許可を乞《こ》わなければならず、それを手向《たむ》けと称しました。神に手《て》（古くは手《た》）で供え物、幣《ぬさ》を捧げますが、それは木綿《ゆう》（楮《こうぞ》の糸）や麻を使い、のちには絹織物や紙をも使いました。辻や分かれ道の角、道が左右に分かれる追い分けなどで行う占いの時も必ず幣を奉りました。

eの超人的な威力を持つ恐ろしい存在とされたカミは、「ヲロチ」や「ミヅチ」などカミより古く畏怖されてきたチ系列のカミでした。

fの人格的なカミとしては、イザナキやイザナミなどがあり、記紀の物語りには多く

登場しますので、記に限ってチ系、人格系のカミを拾ってみます。

チ系のカミ　火之迦具土神《かぐつちのかみ》など。

ヒ系のカミ　高御産巣日神《たかみむすひのかみ》、大直毘神《おほなほびのかみ》など。

ミ系のカミ　大山津見神《おほやまつみのかみ》、綿津見神《わたつみのかみ》など。

ヌシ・ウシ系の神　大国主神《おほくにぬしのかみ》、天之甕主神《あめのみかぬしのかみ》など。
和豆良比能宇斯能神《わづらひのうしのかみ》など。

タマ系のカミ　布刀玉命《ふとたまのみこと》、宇迦之御魂神《うかのみたまのかみ》など。

「神」の語源へ

カギは上代語の音韻に

上代においてすでに神という語で「チ」から「タマ」までの神威あるものを包括して考えられるようになっていました。どの語が最も古いのか、あるいは地域的、環境的な差異を求め得るのか、と言った研究成果は見るべきものがありません。しかし、大野晋氏によって、カミの語の意味を明らかにすることができます。その前提として万葉仮名によって伝えられた上代語の音韻《おんいん》について、上代特殊仮名遣《じょうだいとくしゅかなづかい》が橋本進吉たちの研究注一〇によって明らかにされた重要点について記します。

万葉仮名に使われた用字のうち、「キヒミケヘメコソトノモロヨ」の十三音、およびこれらの濁音「ギゲゴゾドビベ」の七音については二種類の用字の使い分けがされており、それらを現在では甲類と乙類に分類しています。例えば、「産霊《むすひ》の霊《ひ》」や「日神《ひのかみ》の日《ひ》」に対して、「火神《ひのかみ》の火《ひ》」や「火国《ひのくに》の火《ひ》」は、用字を明確に使い分けています。

甲類のヒ　日、氷《ひ》、杼《ひ》・梭《ひ》（機織《はたおり》の付属具）、霊《ひ》、檜《ひ》
　　　　　万葉仮名、比、日、檜、氷、など

乙類のヒ　火、樋《ひ》（道水管）
　　　　　万葉仮名、非、肥、悲、斐、火など

なお、「ムスヒ（霊）のヒ」と「火のヒ」とはその発音上の違いは分っていませんが、用字が異なり、その語源も異なることは明らかになっています。

「上」や「鏡」が「神」の語源ではない理由

さて、カミの力には甲乙の区別はありません。カミの語源説はいくつかありますが、

上下《かみしも》の上《かみ》を語源説とする考えは江戸時代以来多くあります。上《かみ》のミは記に「泊瀬《はつせ》の河《かは》の上《かみ》つ瀬《せ》」注一一や「可美都気努《かみつけの》」〔万三四一五〕などと見えます。これらの「美《み》」は甲類です。これに対して神《かみ》のミについて拾いますと、「常世《とこよ》の柯微《かみ》〔皇極紀注一二〕」や「安米都知《あめつち》能可未《のかみ》〔万三六八二〕」などの「微《み》・未《み》」はすべて乙類ですから、神すなわち上と考えることはできません。ミの両類の用字については次のように整理されています。

甲類のミ　弥《み》、美、三、御《み》など
乙類のミ　未、味、微《み》、身《み》など

上《かみ》が神《かみ》とは異なる語義であるように、鏡《かがみ》を神の語源とする説もまた誤りです。「斎斎《い》杙《くひ》には加賀美《かがみ》をかけ〔允恭記注一三〕」や「山鳥《やまどり》の　尾《を》ろのはつをに　鏡《かがみ》掛け〔万三四六八注一四〕」とあるカガミのミは、甲類ですからカミ（神）の語源と考えることはできません。鏡は影見《かげみ》を語源とし、カガはカゲの交替形と考えるのが穏当です。

「カミ」の古形、「カム」とは何か

それでは、神の古形、交替形である「神《かむ》」はどうかと吟味してみます。「神随《かむから》」（神の性格）や「神在随《かむながら》」（神そのもの）と言うときのカムは、名詞または動詞につき、そのものや行為が神に属することを表わします。神依板《かむよりいた》、「加《か》牟《む》風《かぜ》の伊勢の海」［神武記注一五］、神柄《かむから》［万三二五〇注一六］、「神上《かむあが》り　上りいましぬ」［万一六七注一七］、「瑞穂《みづほ》の国は　神《かむ》ながら言挙《ことあ》げせぬ国」［万三二五三注一八］など多くの上代語で使われる神《かむ》のカとムには、甲乙の音韻上の区別はありません。

では、カミとカムとではどちらが古い語でしょうか。例えば、独立形のキ（木）に対してコダチ（木立）やコノハ（木の葉）のコの方が古語であるとされているように、カミは独立語であるのに対し、その交替形カムは熟語に使われるので、カミよりカムの方が古語であるとされます。カムの上代語で検索されるのは、「嚼《かむ》」（咀嚼する）と「醸《かむ》」（酒をかもす）の二語ですが、酒はもと米を歯で嚙《か》み砕いて作ったものですから、二つは同語です。

カムには、噛む、咬む、醸むなどの語があります。噛むは〝食いしばる〟ことですし、咬むは〝がぶっと噛付く〟ことでしょうから、カミ（神）の古語カムは〝醸《かも》す〟意味の「醸《か》む」が関係する言葉だと推定されます。

「この御酒《みき》を　醸《か》みけむ人は」〔仲哀記注一九〕、「横臼《よこす》に醸《か》みし大御酒」〔応神記注二〇〕

などと見える酒を醸む行為は神聖なことであり、万五五五の歌にも見えます。

君がため　醸《か》みし待《ま》ち酒《さけ》　安《やす》の野《の》に　ひとりや飲まむ　友《とも》なしにして

「君のために用意した待酒を安の野でひとり寂しく飲むのか　友も居なくて」という意味でしょう。酒をかもす（醸む）行為はこのように一般でも行われましたが、最も頻繁に見られたのは、重要なお祭りに際して神に奉《たてまつ》るべく醸造された御酒《みき》、または斎酒《ゆき》でした。

祭りに奉るユキ（斎酒）をカム（醸む）

伊勢の神宮の年中の根幹となるお祭りは、六月と十二月の月次祭《つきなみさい》と九月の神嘗祭《かんなめさい》を合わせて三節祭（三時祭《さんじさい》とも言う）と呼ばれます。旧暦の六、九、十二月はそれぞれ夏（四、五、六月）、秋（七、八、九月）、冬（十、十一、十二月）の季《すえ》の時期に当たります。季節の呼び名は、孟、仲、季と深まり、例えば孟春ははじめの春、仲夏はなかの夏、季秋はすえの秋、と言った区別があります。穀物の中で最も遅く実る稲を「奥津御年《おくつみとし》」［延喜式祝詞注二二］と言い、この「奥」は沖《おき》とも同語ですから、季節の最も奥《おき》すなわち季《すえ》を意味します。三節祭が夏秋冬の深まったころに行われるのもかつては理由のあったことかもしれません。

三節祭には白酒《しろき》、黒酒《くろき》を醸造し、由貴大御酒《ゆきのおおみき》として天照大御神に奉られます。由貴は神聖な酒《き》のことで、別字を当てれば「斎酒」と言えます。天皇が即位されたときに行う大嘗祭に供える神聖な酒《き》を斎忌《ゆき》、悠紀《ゆき》、由基《ゆき》などと表記し、それを作る田を占いで決めると悠紀田《ゆきでん》と称えられます。またその斎酒は奉る殿舎を斎忌殿《ゆきでん》、由紀殿《ゆきでん》などと呼ばれました。

斎酒を盛大に添えた、大御饌《おおみけ》（海川山野の幸《さち》）を沢山（祝詞では〝横山《よこやま》の如く〟と言います）神に奉ることが、お祭りの最も重要な営みのひとつです。いつから麹《こうじ》を使用して酒造りをするようになったのか不明ですが、上代言語文化の時代には、酒を作ることを醸むと言い、それは蒸した米を口中で噛み砕いて瓶《かめ》などに吐き出すことを繰り返して作ります。この醸むという重要で神聖な行為から「カム（神）」の語は生まれたのであろうと考えられます。お祭りの準備に当たって必ずなさねばならないのが、斎酒《ゆき》を作ることです。白酒《しろき》や黒酒《くろき》を作るべく蒸した米を噛む（醸む）神聖な営みが神を祭るための不可欠のことでした。

カムからカミへ

延喜践祚大嘗祭式《えんぎせんそだいじょうさいしき》は十世紀に施行された法体系のひとつですが、もとは母法である八世紀の『養老令《ようろうりょう》』に根拠を持つものです。したがって、延喜式に収載する条文のほとんどは八世紀またはそれ以前のわが国の制度を伝えています。上代言語についても貴重な基礎資料を提供してくれます。践祚大嘗祭は天皇が即位されて初めて行う新嘗祭のことですが、当時は毎年の大嘗祭を新嘗会《しんじょうえ》と呼び習わしていました。新嘗会はのちに新嘗祭《にいなめさい》と呼ぶことになります。

さて、践祚大嘗祭には即位後初めての大祭に当たり、悠紀《ゆき》、主基《すき》注二二（「次」の意）両斎場を設け、そこには「麹室一宇《かむたちのむろいちう》」を造営し、建物は黒木（皮付のままの木材）で構えつくり、草《かや》（萱《かや》）葺《ぶ》きの屋根とすることが定められています。これは「神館《かむたち》の室《むろ》」のことで、古い神社では本殿の近くにあって、神職が参籠する建物で斎館《いみだち》とも呼ばれます。

この語に麹《こうじ》の字を宛て「かむたち」と呼ぶには理由があります。カムタチのタチは館《たち》、屋舎のことであるのに麹の字を宛てて「カムタチ」と読むのは、そこが、麹を使って白酒・黒酒を作る以前には参籠潔斎《さんろうけっさい》して身を清めた者が御酒《みき》（斎酒《ゆき》）を「醸《か》む」神聖な室屋《むろや》であったからです。室や室屋は四方をしっかりと閉じて何者も入れないような部屋のことです。言わば雑菌の侵入と繁殖を防ぐための部屋と考えられます。

践祚大嘗祭ではなく、毎年の新嘗会に作る「白黒二酒《しろきくろき》」のために「麹室一宇」を建て、十月上旬に十日をかけて「造酒《みきづくり》」を終えるよう定めました注二三。ここの条文には黒酒・白酒の作り方をも伝えています。「久佐木《くさき》の灰」を「和合」したものを「黒貴《くろき》（酒）」と称し、「和せざるを白貴《しろき》」と称すと見えます。クサキはクマツヅラ科の「臭木《くさぎ》」と言われますが、不明です。いずれにしても、「麹《かむたち》」のカムは「醸む」意味を伝える語であり、それは「神《かむ》」の語源のひとつです。

　カミの交替形であるカムは複合語を構成するとき、そのものや行為が神に属することを表わします。神風《かむかぜ》、神言《かむごと》、神古《かむさぶ》、神杉《かむすぎ》、神宝《かむだから》、神留《かむづまる》、神主《かむぬし》、神議議《かむはかりはかる》、神掃掃《かむはらひはらふ》、等々注二四～三二、カム（醸む）を語源とする語「神《かむ》」は数多ありますから、神の語はカムからカミへと移行したものであるか、数多あるカムから独立語カミが生まれたか、いずれかであるに違いありません。

四章　タマとタマシヒ

霊魂が宿るもの、タマ

タマとタマシイ。現代の私たちにも馴染み深いこの二つの語は上代においてもすでに用いられていた古い語です。しかし、時が移り変わるにつれ、原意が失われ、上代とは異なる使い方をされているところもあります。本来は何をタマと呼び、何をタマシイとしていたのか。上代の人々がこれらの語をどのように使い分けていたのかを知ることで、霊（タマ）と魂（タマシイ）との本質的な相違を理解することができるでしょう。

麗しいタマ

玉・珠（タマ）は霊・魂（タマ）と同根の語で、原義はそこには霊魂が籠っている（宿っている）と信じられた鉱物や動植物の総称です。カミとして扱われる場合は、チやヒに較べて圧倒的に実例が多くありますが、手に取ることができる麗しい玉をまずいくつか拾って「タマ」を考えてみます。

〈イ〉　赤玉〔記〕

〈ロ〉　足玉《あしだま》〔万二〇六五〕

〈ハ〉　鮑玉《あわびたま》〔万一三二二〕

〈ニ〉　塩乾珠〔記〕

〈ホ〉　八尺勾璁《やさかのまがたま》之《の》五百津《いほつ》之《の》美須麻流珠《みすまるたま》〔記〕

勾玉〔末加利太末〕〔垂仁紀〕

〈ヘ〉　太玉串〔木綿を著げたる賢木、是を太玉串と名く〕〔延喜伊勢太神宮式〕

〈ト〉 玉櫛《たまくし》［万五二二］
〈チ〉 玉梓《たまづさ》［万四四五、一四一五］
〈リ〉 玉床《たまどこ》［万二一六、二〇五〇］
〈ヌ〉 玉の緒《を》［万三〇八一他］
〈ル〉 玉裳《たまも》［万四四五二］
〈ヲ〉 玉藻《たまも》［万七二］

〈イ〉の赤玉は琥珀と考えられますように、〈ロ〉と〈ハ〉は装飾品で、女性の美しさを極立たせるものでした。

足玉《あしだま》も　手玉《ただま》もゆらに　織《お》る服《はた》を　君が御衣《みけし》に　縫ひもあへむかも［万二〇六五］

足に巻く玉、手に巻く玉もしゃらしゃらと（ゆらに）麗しい音を立てて機《はた》織りしている。あなたの着物に「縫いもあへむかも」、縫いおおせられるだろうか、間に合うだろうか、と恋人に着物を贈る歌です。この玉《たま》の例は多数ありますが、〈ハ〉の鮑玉《あわびたま》は珍しいもので、海女《あま》たちが海に潜って大きい鮑を獲ったとしても、なかなか玉《たま》が入っているとは限らないのです。鮑（鰒）の身は大御饌のひとつとして毎年神宮のお祭りでは神に捧げられるものですが、鮑の貝には極くまれに真珠ができています。これが白玉で、二十年に一度の神宮式年遷宮では皇大神宮（内宮）に奉納されます。

霊威ある玉

〈ニ〉の鹽乾珠《しほふるたま》は鹽盈珠《しほみつたま》［記］と対の珠《たま》で、海幸彦《うみさちひこ》と山幸彦《やまさちひこ》の「幸《さち》易《か》へ」の話で弟神が兄神を懲《こ》らしめるべく、潮の干満を操るために海神から授けられた呪力ある玉です。なお、「幸易へ」の幸はこの場合、獲物（さち）の意味ではなく、獲物を取る道具のことです。紀にも同様の伝えがあり、「潮涸瓊《しほひるたま》」、「潮満瓊《しほみつたま》」とあります。ここの珠（玉）は呪力を帯びたもので、「霊《たま》」と表記できます。

〈ホ〉の「八尺勾璁之五百津之美須麻流珠《やさかのまがたまのいほつのみすまるたま》」は紀に「八坂瓊之五百箇御統《やさかにのいほつみすまる》」とあり、勾璁《まがたま》と瓊《に》は特殊な玉と見られます。「ヤサカ」のサカは尺の借音ですが、その長さの単位としては不明です。瓊は玉の中でも特殊なものです。美しさの極立った動物の歯牙、硬玉、瑪瑙《めのう》、碧玉、蛇紋岩、滑石、ガラスなどを素材とする「瓊《に》」や「勾玉《まがたま》」を緒《お》に貫いてくくり、首や腕の飾りとしたものが御統《みすまる》です。

〈ヘ〉の太玉串《ふとたまぐし》は延喜式巻第四・神祇四、略して延喜伊勢太神宮式注三三に「太玉串《ふとたまぐし》〔木綿《ゆふ》を著《つ》けたる賢木《さかき》、是《これ》を太玉串と名く〕」とあり、一般に玉串《たまぐし》と呼ばれます。神社での祭礼や地鎮祭などの神事では、玉串拝礼や玉串奉奠《ほうてん》などと言い、神を拝礼する際に神に奉るものです。榊の枝に紙垂《しで》を付けたものですが、上代では和紙の原料ともなる「楮《こうぞ》」を細く割いて糸にしたものを付けました。なお、つばき科の常緑樹の榊だとすると、その北限は新潟県辺りのようですから、それより北の地域では檜葉《ひば》などを使うようになったものかと思われます。

クシ（串）は本来、木、竹、骨、金属などを細長く切って先を尖《とが》らせた棒で、食物を刺し貫いて焼いたり干したりするのに使ったものです。櫛《くし》も串と同根で、髪にさして飾ったりする、髪や髭《ひげ》を梳《す》く道具で、もとは一本の棒であったことが縄文時代の遺物として出土しています。複数本の棒を並べて上部を固定し、漆で固めたものもあります。弥生時代になると金属器の使用によって竹ひごを何本も並べて櫛の歯が精巧なものになりましたが、縦櫛が横櫛に進化するのは五、六世紀以降と見られます。

太玉串は玉串の中でも立派な（太がその意を表現しています）もので、神宮では三節祭はもとより、二十年に一度の遷御《せんぎょ》の儀に際しても奉持されます。神宮の殿舎の立派さが一般に喧伝されますが、かつてはその床下に神籬《ひもろき》を設けるため、盛大に榊を差し立てた姿が今に伝えられています。

〈ト〉の櫛串はタマも美称であることに加えて、太玉串《ふとたまぐし》のタマと同じく、神霊の宿ったものと考えられていました。

娘子《をとめ》らが　玉《たま》くしげなる　玉櫛《たまくし》の　神《かむ》さびけむも　妹《いも》に逢《あ》はずあれば　〔万五二二〕

「乙女の櫛笥《くしげ》（入れものの箱）にしまってある玉櫛のように　わたしも古びしてしまっただろうな（神さびけむ）久しくあなたに逢わずにいるから」と言った意味でしょう。

美しく歌才に優れた大伴《おおとも》郎女《いらつめ》注三四に贈った恋の歌です。久しく逢っていないので、面《おも》

遷御の儀にて「神儀（神体）が正殿に入御」の図。正殿の床下に盛大に榊が配されている。絵／玉蘭斎貞秀(歌川貞秀)

変《がわ》りしたのではないだろうか、と誇張して言い寄ったのは藤原麻呂《まろ》でした。

玉梓・玉床

〈チ〉の玉梓は玉《たま》・梓《あづさ》が約《つづま》って、タマヅサと言い、使《つか》いの枕詞となっていますが、それは使いが梓の杖を持っていたからと考えられます。

何時《いつ》しかと　待つらむ妹《いも》に　玉梓《たまづさ》の　言《こと》だに告《つ》げず　去《い》にし君かも　〔万四四五〕

「早く帰ってほしいと待っている妻に（玉梓の）言伝《ことづて》もせず　君は死んで行ったのか」という歌意でしょう。知らせを運んでくる使い、という意味であったものが、連絡を受ける側の枕詞になったのは、知らせを受けるまで不明であったことが、使いによって判然とする、ある種の霊的啓示をもたらす意味合いを持つようにもなりました。

玉梓《たまづさ》の　妹は玉かも　あしひきの　清き山辺《やまへ》に　撒《ま》けば散りぬる〔万一四一五注三五〕

「（玉梓の）妻はまるで玉みたいに（あしひきの）清い山辺に　お骨を撒《ま》いたらさらさらと散ってしまった」という歌意でしょう。限りないいとおしさを忘れることができないと嘆いている男にとって、その妹は豊かな霊性を持って寄り添っていたことが伝わります。

〈リ〉の玉床は麗しい床と言うよりは、霊床《たまどこ》と見た方が自然かと思います。

家《いへ》に来《き》て　我《わ》が屋《や》を見れば　玉床《たまどこ》の　外《ほか》に向きけり　妹が木枕《こまくら》〔万二一六注三六〕

「家に帰って　わが家を見れば　玉床があらぬ方に向いている　亡き妻の木枕は」と言う哀しみの歌です。亡くなったあと亡骸は家を出て埋葬されたでしょうが、上代では亡き人の伏っていた床を幾日もそのままにしておく習慣がありました。しばらく日を経て帰宅すると木枕《こまくら》も玉床も動いていたことに驚き、哀しみを新たにしました。このタマドコは霊床と表記してよいかと思われます。

玉の緒・玉裳・玉藻

〈ヌ〉の玉の緒は、玉を貫き通す紐《ひも》のことですが、命や心にかかる言葉でもあります。

　玉の緒《を》を　片緒《かたを》に搓《よ》りて　緒を弱み　乱るる時に　恋ひざらめやも　［万三〇八一］

「玉の緒を一筋だけで搓《よ》ってしまった　緒が弱いので　玉が（心が）ばらばらになってしまうときも　恋せずにいられようか」と言った主意です。玉をいくつも貫き通す糸や紐は、通常二本を搓り合わせるものなのに、一本だけに搓りを入れた片緒は切れやすいところから、片恋の不安な思いのたとえとしたものです。よく似た内容の歌がつづきます。

君に逢《あ》はず　久しくなりぬ　玉の緒《を》の　長き命《いのち》の　惜《を》しけくもなし［万三〇八二］

恋ふること　増《ま》される今は　玉の緒の　絶えて乱れて　死ぬべく思ほゆ
［万三〇八三］

「玉の緒」は前歌では「長き」に、後歌では「絶ゆ」に掛かる枕詞です。命や心を歌い出すための語ですが、これらのタマは飾り物ではなく、何かが宿り輝《かがや》いているものです。麗しい玉が新たな輝きを見せるのは、恋や憧れといった他者の持つ宇宙をそこに留め得ると考えたからでしょう。

信濃なる　千曲《ちぐま》の川の　小石《さざれし》も　君し踏《ふ》みてば　玉と拾《ひろ》はむ［万三四〇〇］

さざれしは「さざれいし」の約ったもの、拾《ひり》はむはのちに拾《ひろ》はむとなる語。「千曲川の小石《さざれいし》だって　あなたが踏んだのなら　玉《たま》と思って拾いましょう」という歌意ですが、ありふれた小石が玉となるときの上代人の思いは明るく、切ないものです。
〈ル〉の玉裳《たまも》は乙女が成人するころ、十二、三歳ころに「髪上」の儀式とともに「裳着《もぎ》」、裳を着ます。裳は袴の後半分みたいなものを前で結びます。

　娘子《をとめ》らが　玉裳裾引《たまもすそび》く　この庭に　秋風吹きて　花は散りつつ［万四四五二］

「女官たちが裳裾《もすそ》を引いて歩く　この庭に秋風が吹いて萩の花は　はらはらと散っています」という歌意でしょう。この玉裳の玉はガラス玉などの装飾を言うようです。裾引くは長い裳《も》の裾《すそ》を引きずるようして歩くことです。
〈ヲ〉の玉藻《たまも》はルと同じ発音ですが、こちらは海藻です。

　玉藻《たまも》刈る　沖辺《おきへ》は漕《こ》がじ　しきたへの　枕《まくら》のあたり　忘れかねつも［万七二］

「（玉藻刈る）沖辺は漕ぐまい　（しきたへの）枕のそばにいたあの女を忘れないのだ」と

の歌意です。玉藻《たまも》のタマは単なる美称です。しきたへは敷《し》き栲《たへ》のことで、栲《たへ》は楮《こうぞ》の樹皮の繊維で織った布です。ここのタマもルと同様、物の麗しさを誉めることばです。

タマシヒは亡ぶ

〈イ〉から〈ヲ〉までのタマは手に取ることができたり、目で捉《とら》えることのできるものでしたが、人や動物の肉体に宿っている霊《たま》（魂）は見ることのかなわない精霊と現代では考えられているのでしょうか。

霊《たま》と霊《たま》の出会い

魂《たま》合《あ》へば　相寝《あひぬ》るものを　小山田《をやまだ》の　鹿猪田守《ししだも》るごと　母し守《も》らすも　［万三〇〇〇］

「霊合《たまあ》へば」とあるところは流布本には「心合《こころあ》へば」と訓んでいますが、古写本の用字に従った方が歌の本意に近づくと思われます。「愛する者同士、霊《たま》（魂）合《あ》うならば共に寝られるものなのに、小山田の鹿猪田《ししだ》を見張るように、お母さんが番をしているので、そうはできない」と言う歌意です。もう一首『万葉集』から類似の歌を拾います。

筑波嶺の　をてもこのもに　守部《もりへ》する　母い守《も》れども　魂《たま》そ合ひにける

［万三三九三］

「筑波嶺《つくばね》の山のあちこちに　番人を置くように母は見張っているが　わたしたちの霊《たま》（魂）はもう合ってしまった」という愛の歌です。お互いの霊が合ってしまうといとおしさが募り、もう一人だけの人生を生きて行けなくなる、という霊《たま》と霊《たま》の出会いの不思議さを理解するためには、霊の性質を考えなければなりません。

まず、タマとタマシイの関係を考えてみましょう。「玉相者《たまあはば》　君来益八跡《きみきますやと》」（魂《たま》合はば　君来《き》ますやと）との語は長歌の一節〔万三二七六注三七〕です。「心さえ通えば　君もいらっしゃるかと」と嘆くときのタマ（霊）は、その働きが最も強い場合、「霊治波布《たまぢはふ》」〔万二六六一注三八〕と言いました。

神に掛かる枕詞「霊ぢはふ」のチは、雷《いかづち》などのチと同様の語で、ハフは「幸《さき》はふ」、「味《あぢ》はふ」の「はふ」と共通する接尾語ですから霊《たま》の加護あることを意味します。〔万二六六二〕神のはたらきを強める「霊ぢはふ」というタマは、カミより優れた霊威を発揮すると考えられました。

「タマ」に「シヒ」が付く意味

一方「タマシヒ」はそのような強い神性を認められていませんでした。「魂、多末之比《たましひ》」（『和名抄』）は、〔万三七六七〕にもあります。

魂《たましひ》は（多《た》麻《ま》之《し》比《ひ》波《は》）　朝夕《あしたゆふへ》に　賜《たま》ふれど　我《あ》が胸痛《むねいた》し　恋の繁《しげ》きに

「お気持（魂）は朝夕いつも身に感じていますが（賜ふれど）わたしの胸は痛くてなりません　恋がつのるので」という歌意でしょう。この「タマシヒ」は「タマ」とどう違うのでしょうか。

タマ（玉・霊）については、すでに実例を示して、霊《たま》が玉に宿るものとして〈イ〉から〈ヲ〉まで説明しました。ではタマに「シヒ」が付く意味は何かと尋ねると、盲《めしひ》、聾《みみしひ》、鼻《はなしひ》といった上代語に共通する「しひ」の終止形「しふ」は、不具・癈《はい》（廃）疾《しつ》になることを意味します。目癈《めし》ひ、耳癈《みみし》ひ、鼻癈《はなし》ひと言った語が上代にありますので、霊癈《たまし》ひ（魂廃ひ）はタマが弱ったり、延いては体から出て行ってしまったり、といったことを示唆しています。万一七八三注三九に「しひてあれやは」とあるのは、「ぼけてしまったのかしら」という意味です。

タマが人の体内に宿っていると精神活動も活発につかさどられると信じられた時代、そのタマが体内から抜け出て行き、自由に動きまわり、他のタマと接触、交渉することのできる〝遊魂《こん》〟であるとともに、肉体が滅びてもこの世にとどまって人を守るとも考えられていました。しかし、タマが体外へでてしまうということは、とりも直さず人の死を招来することでもありましたから、タマを体内につなぎとめる儀式が行われました。

「鎮魂《たましづめ》」の儀《わざ》

斎部広成《いんべのひろなり》が同家の古伝承を記録し、中臣氏の専横を批判する九世紀の『古語拾遺《こごしゅうい》』には魂鎮《たましづ》めの儀式が記録されています[注四〇]。

凡《すべ》て、鎮魂《たましづめ》の儀《わざ》は、天鈿女命《あめのうずめのみこと》の遺跡《あと》なり。然《しか》れば、御巫《みかむなぎ》の職は、旧《もと》の氏《うぢ》を任《め》すべし。而《しか》るに、今選《えら》ふ所、他氏《ことうぢ》を論《あげつら》はず。遺《も》りたる九《ここのつ》なり。

「おおよそに言うと、鎮魂祭は天鈿女命の遺されたことなので、それを奉仕する御巫《みかむなぎ》は、子孫である猿女君氏《さるめのきみうじ》が任ぜられるべきなのに、現実の選び方も他氏であってよいとしている。古えを忘れてとり遺《のこ》されたことの九つ目である」といった主旨です。

中臣氏が朝廷の神事を本来の職掌を越えて選考の人事にまで口出しするのは誤っていると中臣氏と同等の神代《かみよ》以来の職掌を家伝とする斎部《いんべ》（忌部）氏の頭領として批判したのです。ここにも神代以来の鎮魂の職掌をつかさどってきた天鈿女命《あめのうずめのみこと》の子孫である猿女君氏からその任にあたるべきだと斎部広成は言います。

八世紀末の律令制の確立されるころに起きた変革の影響が神代以来の伝承を誇る部族たちへも大きな家職変更を迫ったと思われますが、儀式そのものは宮中で続けられていました。上代では鎮魂について、例えば国の法制度として『令義解《りょうのぎげ》』では次のように理解されていました注四一。

> 鎮《ちん》は安《あん》なり。人の陽気を魂《こん》と曰《い》ふ。魂は運なり。言ふこころは離遊の運魂を招き、身体の中府《ちゅうふ》に鎮む。故《ゆゑ》に、鎮魂と曰ふ。

この場合は、遊離する魂を、天皇の体につなぎ留める（鎮める）お祭り、鎮魂の儀を行うことによって、天皇の御魂《みたま》が活きいきとふるい立つと考えられました。その折には天石窟《あめのいわや》の前で天鈿女命が神懸《かみがか》りして、天照大御神《あまてらすおおみかみ》を招き出したことを職掌として伝える猿女君氏の所作が演じられました。宮中での毎年の大祭、新嘗祭の前日、十一月の中の寅の日に行われ、最も華麗優美な五節舞が奏されました。その「鎮魂歌」は『年中行事秘抄』注四二が鎌倉初期の伝えを残しています。かなり難解で不明の点もあります。

アチメ。一度。オ々々々。三度。
アメツチ《天地》ニ。キユラ《玲朧》カスハ
サユラカス。カミワカモ。
カミコソハ。一。キ子《ね》キコウ。
キウラナラハ。アチメ。一度。
オ々々々。三度。イソノカミ《石上》。
フル《振》ヤシロ《社》ノ。タチ《太刀》モガト《欲得》。
子《ね》ガフソノコ《児》ニ。ソノタテマツ《奉》ル。

石上神宮が「振社」とされているのは御魂振《みたまふり》の意味かと思いますが、それ以外の神楽歌の意味は理解できません。奈良県天理市の石上《いそのかみ》神宮は延喜式に「石上坐布留御魂《いそのかみにますふるのみたま》神社」とあり、今は祭神を「布都御魂剣大神《ふつみたまのつるぎのおおみかみ》」とされています。フルとフツの関係は未詳ですが、フル（布留）が魂振《たまふり》のことだとすれば、鎮魂によって体内に収まった御魂《みたま》が、振る、つまり活発になることを言うのでしょうか。

天武天皇紀十四年十一月二十四日祭に、『日本書紀』としてはただ一ケ所、「ミタマフリ」と訓まれてきた記事が見えます。「天皇の爲《おほみため》に招魂《みたまふり》しき」とある「招魂」が果たしてタマフリと訓むのが正しいかどうか。考証の結果は示されていません。意味は文脈から考えて、天皇のために鎮魂の儀を行い、健康の回復を祈ったとみられるのです。翌年七月には病気平癒を祈って朱鳥《あかみとり》と改元されているからです。

鎮魂祭の神と白川家

鎮魂祭《みたましづめのまつり》は延喜式注四三に詳しく規定され、「神《かみ》八座《ざ》」（神魂《かんむすひ》、高御魂《たかみむすひ》、生魂《いくむすひ》、足魂《たるむすひ》、魂留魂《たまつめむすひ》、大宮女《おほみやのめ》、御膳魂《みけつたま》、辞代主《ことしろぬし》）といわゆる宮中八神としてお祭りされる神に加えて、かならず「大直神《おほなほひのかみ》一座」を祭ることが定められています。

　大直神とあるのは、大直日《おほなほひ》（神は本来不要）のことです。大宮女は天照大御神の御前を守護する神と言われ、辞代主は大国主（父）と神屋楯比賣《かむやたてひめ》（母）の子であり、皇室を守護する神と言われます。この二柱《はしら》の神以外の六神はムスヒ（産霊《むすび》）の神で、宮中でのお祭りに奉られる御饌《みけ》（御膳）をつかさどる神としてかつては八神殿と呼ばれ、のちに宮中三殿の東殿を単に神殿として祭られました。

　この八神と大直日を鎮魂祭にお祭りする責任者は神祇伯《じんぎはく》（神祇官の長官）と称し、古訓では「カムヅカサの長官（カミ）」と呼ばれ、延喜式などの母法である養老職員令《ようろうしきいんりょう》注四四神祇官の条に「伯一人。神祇の祭祀、祝部、…大嘗…鎮魂…官《つかさ》の事を惣判《そうはん》することを掌る（以下略）」とあり、花山天皇（九六八〜一〇〇八）の孫延信《のぶざね》王が任ぜられたのち、曾孫顕広《あきひろ》王が任ぜられたことによって、子孫相承《あいう》けて世職となりました。

　この家を伯王家《はくおうけ》・伯家《はくけ》または白川家と言い、卜部《うらべ》・忌部《いんべ》・中臣《なかとみ》各氏と合わせて神祇の四姓と呼ばれました。中でも伯家神道は皇室の行事に重きを置いたため、その教義を示す著書は他の神道説に比べて少ないが、諸説の中で最も純粋中正なものと自任していました。しかし、明治四（一八七一）年八月、神祇官は降格され、神祇省となり、ついには翌年三月、教部省に吸収されました。

今日、伯家神道が伝えた宮中（皇室）祭祀のありようは多く継承されてはいますが、鎮魂祭のような神秘に関る伯家《はっけ》（白川家）の伝承は伝承する者がいなくなりましたので、具体的な所作は多く不明となってしまいました。

鎮魂の祭りに託された願い

魂《たま》がタマシヒという危険な状態に陥る前に鎮魂祭を伯家がとりしきり行うことによって、体外へ脱け出て行こうとする魂《たま》を今一度、体内の「中府」に収めることを願って、十一月の新嘗祭の前に伯家が主導して行われました。

一般国民においても、タマがタマシヒとならないよう誕生後には初夜・三夜・五夜・

七夜と酒食を用意してお祝いの行事をしました。その子のタマが少しでも強くなって、タマシヒという危険な状態にならないように父親も親族も枕辺にやってきます。酒食を用意してお祝いのことばすなわち、祝詞《のりと》を唱えるのですから、それはお祭りに他なりません。

　このような民俗的習慣についてタマをめぐることばはいくつもありますが、上代の文献にはほとんど見つけることができません。魂返《たまがへり》（霊返）、魂翔《たまかける》（霊翔）、魂祭《たままつり》（霊祭）、魂《たま》迎《むかへ》（霊迎）、魂結《たまむすび》、魂呼《たまよばひ》（招魂）、といった祖先を祭る民俗は上代にもおそらくすべて行われていたと考えられますが、『万葉集』、『古事記』、『日本書紀』と言った上代考証学の基礎となる文献に捜すことは困難です。なお、日本民俗学の創始者と呼ばれる柳田国男《やなぎだくにお》は伝承資料の収集を始め民俗学の体系に多大の功績を残しましたので、魂返りから魂呼びまでの民間習俗は当然研究されました。

　しかし、当時には上代語の研究は今日ほど進んでいませんでしたから、柳田民俗学に漏れ落ちている上代文化への追究は致し方のないところです。粗雑な言い方になりますが、柳田民俗学は、江戸時代の二百六十年に及ぶ平和な暮しをもとに発達した文化の解明に敬服すべき多くの成果をあげた一方で、上代の精神文化、特に言語文化については当時の学術研究自体が深化していなかったため未探求となっています。

タマ（霊魂）がタマシヒ（霊《たま》癈《し》ひ）となる恐ろしさは、千年以上の昔にすでにあいまいとなり、今日ではタマシヒは永遠不滅だなどと言いますが、上代の祖先たちが聞けば噴飯物《ふんぱんもの》でしたでしょう。

ココロはタマの中にあって

雄略天皇紀二三年八月条に同天皇が病気に侵され崩御を迎えるとき、「筋力《すぢちから》、精神《こころたましひ》、一時《もろとき》に労竭《つ》つきぬ」と記され、多くの臣下が「心府《こころぎも》をつくして」快復を祈ったと伝えます。雄略帝の筋力（体力）と精神（心とタマシヒ）がイノチ尽き果てるときに、臣下は心《こころ》と肝《きも》（府、腑のこと）の持てる力を尽くしたが、崩御の日を迎えてしまったとの正史注四五の記録です。

「肝向《きもむ》かふ　心を痛《いた》み」［万一三五注四六］とあるように心の枕詞「肝向かふ」は、肝臓《きも》と向き合う心臓の意味です。他の長歌にも「肝向《きもむ》かふ　心砕《くだ》けて」［万一七九二注四七］と見えるように、心（許己呂《こころ》）はもと心臓の鼓動の音から生まれた語で、それが精神作用の行われる場所であるとの意味が強くなり、さらには進んで種々の精神作用そのものを表す語へと転化していったと考えられます。

我《あ》が心　焼くも我《われ》なり　はしきやし　君に恋ふるも　我《わ》が心から〔万三二七一〕

「わが心を焼くのも私だ　いまいましいことに（はしきやし）あんな男に恋するのも私の心からのことだ」と精神活動をなすものを心と考えています。

では霊《たま》と心の関係はどうでしょうか。

たまきはる　命《いのち》は知らず　松が枝《え》を　結ぶ心は　長くとそ思《おも》ふ〔万一〇四三〕

「（たまきはる）自分の寿命は分からないが　松の枝を結ぶ心は　命長かれと祈ってのことだ」という歌意でしょう。枕詞の「たまきはる」の語義は未詳とされていますが、

「多摩枳波流《たまきはる》」［万八〇四］や「玉切《たまきはる》」［万二三九八］の例と同じく、「霊剋《たまきはる》」の「きはる」は「すりへる」の意味です。霊《たま》が磨《す》り減るというので、命に掛かる枕詞となり、魂が霊《たま》癈《し》ひとなるように命が果ててしまいかねない状態が考えられていました。

直《ただ》に逢ひて　見てばのみこそ　たまきはる　命に向かふ　我《あ》が恋やまめ

［万六七八］

「直にあなたにお逢いして　お目にかかれさえしたなら、（霊剋《たまきはる》）命をかけた　私の恋も止《や》むことでしょう」と言うときの恋は、激しい心の高まりによって、霊《たま》は磨り減ってしまい、霊《たま》の生命力があやうくなり、命そのものも果ててしまうほどのことと信じられていました。

ココロはタマに内在しながら、時としてその激しい情動がタマを破り、損うものでした。つまり、霊《ひ》所《と》（人）のヒは、タマにその霊威を付与するものであり、タマを包みこんでいるものとも見られますので、つぎに霊所について説明します。

五章　ヒトは成長して恋をする

霊所《ヒト》のヒは産霊《ムスヒ》のヒ

人の誕生の不思議さ

少しわき道からの話になりますが、「心と遺伝子研究会」を主催し、遺伝子研究の世界的権威である村上和雄氏と三時間ほど伊勢の神宮文庫で対談したことがあります。氏は「赤ちゃんは生まれた時に三十五億歳」、「地球が、大自然が、丹精こめて作り上げた結晶」、「魚類や爬虫類みたいな段階を経て生まれてくる」などと人の誕生の不思議さを語り、そこにはサムシング・グレート、大いなる不可知のものの働きがあると熱心に語られました。彼はわが国の古くから続けられてきたお祭り（神道）の中に何か考えるべきヒントがあると信じておられたようです。村上氏と同じように、上代の人々も、人が生まれ、成長していくその過程に細やかに目を向け、それを呼び名に表しました。ミドリゴ・ミドリメと呼ばれていた子供が、どのように変遷しながらやがてヒトと呼ばれるようになっていくのか。その道筋をたどってみることにしましょう。

三歳まではミドリの子

大宝《たいほう》の戸令《こりょう》注四八では三歳（数え）までの子を嬰児《みどりご》・嬰女《みどりめ》と呼びました。この「みどり」とはどんな色を指すのでしょうか。古今和歌集二四・源宗子朝臣の歌に、

ときはなる　松の緑も　春来れば　今一《ひと》しほの　色まさりけり

とあります。この歌にある「緑」が、常緑の松の葉も春になると美しい新芽の色を帯びてくる、と理解されますように、嬰児の「みどり」には新芽のつやつやとした、光り輝くような子供の肌の色が重ねられているというべきでしょう。

一般的であったかどうかは分かりませんが、上代では三歳までの子は、母親の許《もと》か、または母親の姉妹によって育てられました。

御母《みおも》を取り、大湯坐《おほゆゑ》、若湯坐《わかゆゑ》を定めて、日足《ひた》し奉るべし、［垂仁天皇記注四九］

垂仁天皇の「本牟智和気《ほむちわけ》の御子《みこ》」のために御母《みおも》（乳母《うば》）を選び、湯坐《ゆゑ》（湯を浴せる婦人）を定めて御子を日足（養育）したとの記事です。大や若は大旦那・若旦那の大・若と同じ意味にとってよい語です。御母についてはおもしろい歌があります。

みどり子《こ》の　ためこそ乳母《おも》は　求むといへ　乳《ち》飲めや君が　乳母《おも》求むらむ

［万二九二五］

「赤ん坊の　ためにこそ乳母は　求められるもの　あなたが　乳母を求めるとは」と直訳できます。年下の男が乳母に言い寄ってきたところ、赤ちゃんでもないあなたが乳母を求めるのですか、と一笑に付されてしまったことをおかしく歌ったものです。

紀の海宮遊幸《かいぐうゆうこう》章にも、「權《かり》に他婦《あたしをみな》を用《と》りて、乳《ち》を以《も》て皇子《みこ》を養《ひだ》す。此《これ》、世《よのなか》に乳母《ちおも》を取りて、兒《こ》を養《ひだ》す縁《ことのもと》なり」とあり、「女弟《いろど》玉依姫《たまよりひめ》を遣《まだ》して、來《きた》して養《ひだ》しまつる」とも見え、嬰兒は実母以外のおば（伯母・叔母）たちが養育にあたりました。

ヒコからヲトコへ、ヒメからヲトメへ

『養老令』「戸令」注五〇では男子十五歳から男児（ヲトコ）に、女子十三歳から少女（ヲトメ）になると定められました。男子の呼び名としてよく知られているヒコ（彦、比古）は、はヒ（日、太陽）とコ（子、男子）からなり、太陽（日）の神秘的な霊威を受けた子の意味と考えられ、その意を表す漢字を当てれば「霊子《ひこ》」または「日子」です。ヒコの対義語であるヒメは、姫や媛、比売、比咩などと漢字では表されますが、原意はヒ（日、太陽）

とメ（女）から成り、立派な女子の意味であり、女子に対する尊称でもあります。男子の霊子・日子と対置するなら「霊女《ひめ》」または「日女」です。

ヒタス（ヒダス）が三歳までの限定的養育であり、長養・持養・乳養などと漢字を当てますが、ヒコ・ヒメがヲトコ・ヲトメとなり、結婚するまでの期間は「ヤシナフ（養・育）」と言いました。産後の肥立《ひだち》は別語で日が経つにつれ、という意味です。

ヲトの語源

ヲトコ・ヲトメに共通する「ヲト」。この語の語源「ヲツ（変若《を》つ・復《を》つ）」が若々しく活力に満ちた状態になることを意味することから、ヲトには若い、若やいだという意味があると思われます。

天橋《あまはし》も　長くもがも　高山も　高くもがも　月読《つくよみ》の　持てるをち水　い取り来て
君に奉《まつ》りて　をち得てしかも〔万三二四五〕

直訳すると、「天の梯子《はしご》の　長いのがあればよい　高山のとびきり高いのがあればよい　月読の持っている　若水《をちみづ》を取ってきて　君に捧げて若返っていただけるものを」となります。ツクヨミはヤマツミ（山神）やワタツミ（海神）などと同じく、ミ系の神（五十頁を参照）でそこには不老の霊水があると考えられていました。

雲に飛ぶ　薬食《は》むよは　都見ば　いやしき我《あ》が身　またをちぬべし［万八四八］

「雲に飛ぶという薬を飲むよりは、奈良の都を一目見たならば、田舎にいる卑しい私の身も、また若返ることだろう」との大意です。このように「をつ」は若やいでいる状態を言う語ですから、男児（ヲトコ）・少女（ヲトメ）の呼び名にヲツから派生したヲトが使われることになったと思われます。

ヲツ（ヲト）とイモとツキ

月読《つくよみ》がこの「変若《を》つ」という神威を持っていると考えたのは、稲作を始めた弥生時代ではなく、それより遥かに古いことです。縄文時代一万年間の食を支えていたのはサトイモやヤマのイモです。このイモ文化をもとに堅果《けんか》（木の実）も貴重な食糧資源でした。暦を知る以前から陰暦八月十五日の夜に仲秋の名月にイモを供え、陰暦九月十三夜の名月（後の月）にクリを供える習俗が今も残っています。つまり、月夜に月の霊威を被《かがふ》ることを期待したのです。月夜《つきよ》の語には、月の明るい夜という意味以外に、月の光をも言いますので、ツキヨ・ミはワタツミ（海神）と同じミ系の神のことです。月光《つきかげ》を浴びて人が成長していくと信じられていました。左の図のａは男子、ｂは女子です。

ａ、ミドリコ（嬰児）↓ヒコ（彦）↓ヲトコ（男）

ｂ、ミドリメ（嬰女）↓ヒメ（姫）↓ヲトメ（少女）

日足《ひた》され、養《やしな》われて後世の元服（男）や髪上げ・裳着《もぎ》（女）の年令を迎えるとヲトコ・ヲトメになります。これをオトナ（大人）と見なすには問題があります。オトナは男女を問わず、心身が一人前になった者、成人を言い、装束や髪型や名前を童《わらわ》のものから改める成人式を経て一人前（オトナ）とみなされました。しかし、この語は記紀万葉に見当たらないので、平安時代に生まれた語かも知れません。蛇足ですが、aのヲトコはオキナ（翁）になるだけですが、bの女子はヲトメ→ヲミナ・ヲウナ・ヲンナ（若年）さらにオミナ・オウナ（媼）と老令を重ねます。

ヒトとは霊の止る所といふが如し

ヲトコからオキナまでとヲトメからオウナまでを全て合わせて「人（ヒト）」と言います。上代語では比登《ひと》、比止、比等などと表記され、このヒは全て甲類で、ヒコやヒメのヒと同様、「霊（ヒ）・甲類」と見られます。

また、ヒトのトについては登・止・等は全て乙類ですが、処《と》は甲類であり、所（止己呂、等己呂）のトは乙類になりますので、人は霊所《ひと》と考えられます。上代言語学についてはまだ未知の時代に、新井白石は『東雅』の中で「ヒトとは霊の止る所といふが如し」と正解を示しています。

ヒはタマを包み込む

さらに、神名として最重要と考えられてきた「ムスヒ」の神のヒについて補足しておきます。

高皇産霊《たかみむすひ》（古語拾遺では神をつけ高皇産霊神）は記紀、延喜式にたびたび登場する神ですが、高《たか》や御《み》はムスヒを称える尊称であり、かつては「の神」は不用でした。高御産巣日神《たかみむすひのかみ》［記］、高皇産霊尊《たかみむすひのみこと》［紀］、高御産日神《たかみむすひのかみ》［延喜式］などと表記されるムスヒは、記では「天地初《あめつちはじ》めて発《ひら》けしとき、高天《たかま》の原《はら》に成《な》れる神」、通常「別天神五柱《ことあまつかみいつはしら》」と呼ばれるうちの一柱であり、紀の第一段・神世七代《かみよしちだい》章の一書の第四に「武須比《むすひ》」と伝えられます。生《む》すの語は、苔や草が一面を覆うようにびっしりと生《は》えることで、密生する、繁殖すると言った意味です。

そのような植物が一斉に萌え出る大きな力を「ムスヒ（霊）」とあがめていました。産巣日の神〔記〕や産日《むすひ》の神〔延喜式〕とあるように、霊《ひ》は日《ひ》との共通性が認められるので、ヒ（霊）は自然物の生成や種々の作用をおこす活力、神秘的な霊力と考えられると同時に太陽の日、光や熱をもたらす神格としてあがめられてきました。人《ひと》は、霊所《ひと》と考えられ、人が生きてある限り霊《ひ》は、タマ（霊・魂）を包み込んでいるものと信じられました。霊《ひ》の霊威を付与されたタマの内には、ココロ（心）という積極的な精神活動が行われ、血《ち》（霊）が体内を環流してイノチ（命）を保っているように、人がヒト（霊所）でありつづけるためには、健やかなタマの成長、長寿が期待されてきました。タマがタマシヒ（霊癈《たまし》ひ）となり、ヒ（霊）から脱け出て行かないことが、鎮魂《たましづめの》祭《まつり》の眼目であるとともに、上代人の誰しもの願うところでした。

恋の行方

ヲトメやヲトコは成長しやがて恋をします。恋の行方を知りたいと願うのは、千数百年昔も今も変わらないでしょう。

言霊《ことだま》の　八十《やそ》の衢《ちまた》に　夕占《ゆふけ》問ふ　占正《うらまさ》に告《の》る　妹《いも》は相寄らむ〔万二五〇六〕

そのまま現代語にすれば、「言霊《ことだま》の八十の巷《ちまた》で　夕占《ゆううら》をしたところ　はっきりと占に出た　あの娘はなびき寄るだろうと」。

言霊は言語の中に宿っている霊力でそれが盛んに活躍するのが、夕方のいわゆる大禍《おほまが》時《とき》の雑踏でした。その辻占《つじうら》を聞くところは八十《やそ》の巷《ちまた》、四通八達に道が交差している辻でした。チマタは道の股《また》の義です。暮れ方の薄暗くなる時刻、黄昏時《たそがれ》が夕占《ゆふうら》をする時です。逢魔《あふま》が時とも言うので、何か怖しい刻限のようにも感じられるかも知れません。この語は、大禍時《おおまがとき》のことであり、禍事《まがごと》の起きる時、あるいは大きな魔物が出てくる時を意味すると久しく理解されてきました。しかし、記紀万葉には見えない語ですから、むしろ「夕《ゆふ》」または「夕《ゆふ》べ」の意味を考えるべきでしょう。

「夕」は神聖なる時の始まり

伊勢の神宮が創建されて以来、根幹となっている重儀は、旧九月（現十月）の神嘗祭と六月・十二月の月次祭を合わせた三節祭《さんせつさい》です。三節をみおりと読み、みおりのまつりとも呼ばれるこのお祭りの前日、奉仕者が神慮にかなうか否かを占う神事が、各十五日の夕方に内宮で行われ、これを御卜《みうら》と称してきました。

三節祭のお祭りは、すべて「由貴夕大御饌《ゆきのゆうべのおおみけ》」儀から始まります。朝廷・神宮を始め全国的に行われる大祓《おほはらゑ》の儀式も同じく、夕刻に行われることが本儀です。つまり、夕《ゆう》べが神聖な時刻であり、三節祭が夕べからお祭りが始まりますように、朝ではなく夕が夜の神聖な刻限の始まりを告げました。夕は日の暮れようとするころ、夕暮れのことで朝《あさ》の対語です。夕べは、夜を中心とした上代の時間区分で、その暗くなり始めるころを言い、昼を中心とした時間区分の最後の「夕」と同じ時間をも指します。辻占や夕占《ゆうけ》をするのは、神の支配する時間の始まりに行うため「夕べ」が大切であったからと考えられます。

夕占のケは、「気《け》配《はひ》」のことです。「配《はひ》」は当て字です。「塩気《しほけ》立《た》つ　荒磯《ありそ》」〔万一七九七注五一〕、「伊勢志摩の　海人《あま》の刀祢《とね》らが　焼《た》く火《ほ》の気《け》　おけ　おけ」〔神楽歌七五注五二〕とあるように自然などが発する勢いが原義であり、ひいては直感的にとらえられる人や物の様子を言います。「けしき（気色）」が事物の外形を視覚によってとらえられたものであるのに対し、「気はひ」は主として聴覚・嗅覚によってとらえられた事物の様子を指します。いずれにしても、「夕占」のケ（占）は気《け》に通じて、直感的にとらえられた事物を言い、それをさらに具体的に知ろうとする行為が「占《うらな》ひ（卜《うらな》ひ）」です。このウラとは何でしょうか。

占えば「現れる」

うら悲《がな》し〔万四二九〇注五三〕、うら恋《ごひ》し〔万四〇一〇注五四〕などの「うら」は心のことを表しました。裏表のウラ、入り組んだ海岸べりのウラ（浦）などウラは人には視覚的に知り得ないものです。上代にはウラを知ろうとする専門職が神祇官に置かれ、卜部氏《うらべうじ》が任じられ、吉田兼好《けんこう》（鎌倉後期の人、徒然草を著した歌人）はその末流の一人です。「占《うらな》ひ」

の方法には、亀の甲を焼く亀卜《きぼく》、石占、鳥占、夢占、そして辻占《つじうら》や夕占《ゆふけ》など数々ありました（ただし、その実際の方法についてはほとんど不明です）。
目に見えない神意、人の心の内部などを目や耳によって知ろうとするのが占いです。隠れているものを占いによって「現る《あらわれ》」ものにしたいという考えから生まれたものでしょう。

現世のウラに幽世

わが国の上代における神学的理解のひとつとして、五感でとらえられる現実の世界と五感ではとらえきれない、その現実の世界のウラ、またはウシロ（背後）の世界があり、占《うらな》ヒはウラの世界を知ろうとするものです。この点について正確な上代語は見あたりませんので、仮に前者を現世《うつしよ》、後者を幽世《かくりよ》として整理してみます。

記の「大国主神の国譲り」の段落には、天《あま》つ神《かみ》の御子《みこ》（皇孫《すめみま》）が葦原の中つ国（地上）を治められるならば、「僕《あ》は百足《ももた》らず八十《やそ》坰手《くまで》に隠《かく》りて侍《さもら》ひなむ」注五五と大国主が答えたと伝えます。八十坰手《やそくまで》は、多くの曲り、入り組んだ所を経て行くかたすみの（クマ）の地の義で、根《ね》の国底《くにそこ》の国を指しますから、大国主は皇孫《すめみま》に現世《うつしよ》を譲り、自分は幽世《かくりよ》に身を隠してお仕えする、と言ったのです。

紀の瑞珠盟約《ずいしゅめいやく》章には、国譲りの場合とは異り、イザナキのミコトが隠れるための宮を造営したと伝えます。

伊弉諾尊《いざなきのみこと》、神功《かむこと》既《すで》に畢《を》へたまひて、靈運當《あつし》遷れたまふ。是《ここ》を以て、幽宮《かくれみや》を淡路《あはぢ》の洲《くに》に構《つく》りて、寂然《しづか》に長《なが》く隠《かく》れましき。

また、紀の天孫降臨章には、記の「大国主神の国譲り」と同様の伝えを次のように記しています。

天孫《あめみま》、若《も》し此《こ》の矛《ほこ》を用《も》て國を治《し》らば、必ず平安《さき》くましましなむ。今我當《まさ》に百足《ももた》らず八十隈《やそくまで》に、隱《かく》去れなむ。

国譲りは、皇孫（天孫）が地上の現世《うつしよ》を治め、幽世《かくりよ》は大己貴神《おほあなむちのかみ》（大国主）が統治することを意味します。紀の天孫降臨の一書の第二がこの点を最もよく明らかにします。

汝が治《しら》す顕露《あらは》の事《こと》は、是吾孫治《これすめみましら》すべし。汝は以て神事《かみのこと》を治《しら》すべし。

大国主が治めていた顕露の事（現世）は、皇孫が治め、大国主は神事《かみのこと》（幽世《かくりよ》）を治めよと高皇産霊尊《たかみむすひのみこと》は命じられた、との伝えで、同章の同段では、

吾が治《しら》す顕露《あらは》の事は、皇孫當《すめみままさ》に治《をさ》めたまふべし。吾《われ》は退《さ》りて幽事《かくれたること》を治めむ。

と大国主の返答がなされました。

幽世《かくりよ》の神々を祭る月

以上のように記紀を見てきますと、占いをする行為が、この国のありようとも密接につながっていることが理解されます。現世《うつしよ》を統治するのは、皇御孫命《すめみまのみこと》［延喜式］、紀では皇孫《すめみま》、つまり天照大御神の子孫としての天皇《すめらみこと》［記］であるのに対し、幽世《かくりよ》を治めるのは大国主とその近親の神たちです。この考えを法体系の中で明示していると思われるのは、延喜式の「四時祭・下」です。

「四時祭・上」では二月から六月までの国家としてのお祭りの詳細を記し、同・下からは、

九月祭
伊勢《いせ》大神宮神嘗祭《のおほみかみのみやのかむなめのまつり》注五六
御巫奉斎神祭《みかんこのいはひまつるかみのまつり》、以下略注五七

とあり、十月は全くの空白となり（傍点筆者）、

十一月祭

相嘗祭神《あひなめのまつりのかみ》七十一座、（以下略）注五八

新嘗祭《にいなめのまつり》（以下略）

と続きます。

興味深いことは旧暦九月の伊勢での大祭・神嘗祭と十一月の宮中での大祭、新嘗祭の間に、新穀を奉るべき季節にもかかわらず、何の神事も収載されていないことです。これには理由があり、旧十月は出雲の神々をお祭りする期間であったからです。延喜式を始め律令格式といった国家制度を語ることは現世の最たるものであるゆえに、幽世を支えるべき神事はひとつとして収録されなかったと言うことですが、大国主を始めとする神々をお祭りするこの月に、現世の争乱や崩壊を防ぎ守る神を祭る次第や儀式について記述を省いてしまっていることは、上代のわが国のありようのひとつにほかなりませんでした。

玉《たま》桙《ほこ》の道《みち》～なぜ占いはミチの辻や門でされたのか

恋の行方を占う夕占。夕暮れ時という神聖な時間に加えて、もう一つ大事なことは、どこで占いを聞くのか、ということでした。「八十の衢」は何本ものミチが交差する辻ですが、そこが夕占する場所であったのはなぜでしょうか。ミチにはどんな神威があるのでしょうか。

『万葉集』の歌の道《みち》にかかる枕詞として三十首以上に使われている「玉桙《たまほこ》（多《た》麻《ま》保《ほ》許《こ》）」。この玉鉾とは何か、考えてみましょう。

玉桙《たまほこ》の　道の神たち　賂《まひ》はせむ　我《あ》が思《おも》ふ君を　なつかしみせよ　［万四〇〇九］

「（玉桙の）道の神たちよ　幣賂《へいろ》を捧げましょう　わたしの思うこの君を　見守って下さい」と言う歌意。賂はマイナイのことで、事前に贈る幣物《へいぶつ》。ナツカシミは、好ましくて離れ難い意味の形容詞ナツカシにミの語尾をつけた語形で、『万葉集』によく見られる語法（ミ語法）ですが、「近くにいて守ってください」の意。

人言《ひとごと》の　讒《よこ》しを聞きて　玉桙《たまほこ》の　道にも逢はじと　言へりし我妹《わぎも》〔万二八七一〕

「人の言うデマ（よこし）を真に受けて（玉桙の）道でもお逢いしませんと　言ったあの娘《こ》よ」と言う歌意。「玉桙《たまほこ》の　道行き暮らし（道に日が暮れてしまい）」〔万七九、長歌〕のように、これらの桙は道に突き立てられたもので、素材は木か石であったでしょうが、タマ（霊）ホコと考えられます。

道の守り神

紀の四神出生《ししんゆうせい》章には、イザナキが、「杖《みつゑ》を投げたまふ。是《これ》を岐神《ふなとのかみ》と謂《まう》す」とあり（一書第六）、また同第九には「『此《ここ》より以還《このかた》、雷敢《え》來じ』とのたまふ。是《これ》を岐神《ふなとののかみ》と謂《まう》す」ともあり、「此《これ》、本《もと》の號《な》は来名戸《くなと》の祖神《さへのかみ》と曰《まう》す。」とフナトのFがクナトのKと音韻交替していることが説明されます。クナトは「来勿《くな》」所《と》のことで、「もう来るな」という意味です。

その神の名は「祖神《さへのかみ》」とも呼ばれ、中世には、「塞《さへ》の神」、「道祖《だうそ》、佐倍乃加美《さへのかみ》」「和名抄」などとも表記されました。村の境に祭られ、他所から悪霊や疫病などの入り込むのを阻止する神であり、路上の悪魔を防ぎ、通行人を守る神としてあがめられ、道祖神《どうそじん》や「さいのかみ」と呼ばれました。

猿田彦命に付会したり、種々の説をなすものがありますが、元来は防障・防塞（障も塞も界《さかい》のこと）の神であり、村境や峠・辻・橋のたもとで防障する義であるとともに、現世と幽世の境をつかさどる神で、「岐神《くなどのかみ》」（来勿処《くなど》）は、立ち入ることを禁止する所の義です。

辻や門は魔物封じの要所

延喜式などの母法である神祇令に、六月と十二月に行う「道饗祭《みちあへの》」についての規定が記されています。鬼魅《きみ》（魔物《まもの》）が都に入るのを防ぐため、都城の四すみの路上で朝廷が饗応して止めようとしたことが祝詞の形で残されており、その祝詞は延喜式に収められています。

　大八衢《おほやちまた》に湯津磐村《ゆついはむら》の如く塞《さや》り坐《ま》す皇神等《すめかみたち》の前に申さく、八衢比古《やちまたひこ》・八衢比売《やちまたひめ》・久那斗《くなど》と御名《みな》は申して辞竟《ことを》へ奉《まつ》らくは、根国底国《ねのくにそこのくに》より麁《あれ》び疎《うと》び来《こ》む物に、相率《あひまじこ》り相《あひ》口会《くちあ》ふ事無くて、下《した》より行かば下を守り、上より往《ゆ》かば上を守り、夜《よ》の守《まもり》・日《ひ》の守に奉《まつ》り斎《いは》ひ奉《まつ》れ（以下略）。

「四通八達の大辻に神聖で厳重に防《ふせ》ぎ坐《ま》す尊い神たちの前に申し上げます。八衢比《やちまたひ》古《こ》・八衢比売《やちまたひめ》・久那斗《くなど》と御神名を申し上げ、お祭り申し上げますのは、根国底国（幽世）から乱暴でうとましくやって来る物に、（呪力によって）引きこまれたり、ことばを交わしてしまうことなく、上下昼夜を問わず、防障のため神威を発揮してください」。大意はこのようなもので、地域に入り込もうとする「鬼魅《きみ》」などを国境《くにさかい》、村境で食い止めようとするばかりか、都のうちの四すみ、道の突き当たりでも魔物を封じ込めようとしてお祭りがなされました。

玉桙《たまほこ》の　道行き占《うら》の　占正《うらまさ》に　妹は逢《あ》はむと　我《われ》に告《の》りつる［万二五〇七］

「道行き占ではどんぴしゃり　あの娘は逢《あ》うだろうと私に占いで告げたよ」と言う歌意。また「言霊《ことだま》の　八十《やそ》の衢《ちまた》に　夕占《ゆふけ》問ふ［万二五〇六既出］」とある辻占《つじうら》など道の交叉しているような所で、往来の人の言葉から神のお告《つげ》を聞き吉凶を判断するとき、そこでは道祖神《どうそじん》などを祭りました。

ミチは神の領地

それでは「道《みち》」とは上代においてどのような意味があったのでしょうか。チ（路・道）は独立の用例が無く、複合語の中で見られます。

あをによし　奈良の大路《おほち》は　行き良《よ》けど　この山道《やまみち》は　行き悪《あ》しかりけり

［万三七二八］

平城京の大路は普通幅二四メートルで、朱雀大路は七〇メートル幅の道路でした。チが独立の語であるとすれば、血・乳・霊などのチとの関連が推測されますが、まず「ミ」はどのように使われている語でしょうか。上代語でミキ（御酒）、ミケ（御饌）、ミウラ（御卜）など神のものを表すのがミです。ミサキ（岬）、ミサカ（御坂）、ミネ（峰）などは、そこで神に何かを手向けて、安全を祈る行為すなわちお祭りが行われたことが想像されます。ミチ（路・道）のミは、神が領有《うしは》く、神の領有することを意味します。

それでは、翻ってチは、チマタ（岐）、オホチ（大路）、イヅチ（何方）のチで、道や方向を示す語であり、人が通行するときにはそこを領有する神や主《ぬし》がいると考えていたので、手向けをしていました。

脈　知乃美知《ちのみち》、肉中の血理也［和名抄］

と説かれているように、体内に血が環流する道があり、それは筋《スヂ》であり、血管であり、血理（木目に似た血管）であると考えられました。したがって、ミチとは神の領有するものであり、筋状に四通八達したチ（血）の管と同じ意味を持つものでした。

幽世への扉

ミチの辻や門《かど》で、夕占《ゆふけ》など占いをするのは、そこに道股《ちまた》（巷・衢）の神や岐神《くなどの》、道祖《さへの》神《かみ》が現世を夜の守り、日の守りに守ってくれているからでした。自然石や文字を刻んだ石、陰陽二神を彫った石など様々な形がある道祖神は一名、「塞《さへ》の神」と呼ばれ、他国からの悪疫や災難を遮《さえぎ》る神威があったため現世と幽世の境を守る神でもありました。占いは恋の行方を占うだけではなく、辻占では死んだ肉親や親しい人の御霊《みたま》の安否を知るものでもありました。死者の霊の寄りついた、生前に使用していた器物、櫛や鏡を持って道に立って、最初に通りかかった人の口を借りて安否を知らせると、中世に至ると信じられることになりました。

アスファルトやコンクリートの道には、神を招くこともできかねるでしょうが、上代では、現世の道に幽世の世界が反映しているかもしれないと信じ、人の死を悼むばかりか、恋の成就や旅行の安全を占うのが、道行占や辻占の素朴で敬虔な姿でした。そしてその神聖な場が「ミチ」でした。

六章　チ（霊）の本質

力（ちから）と税（ちから）はなぜ通じ合うのか

上代の人々はこの世の摩訶不思議な、人智を超えた力の結集を「チ」という言語表現の中に見たと思われます。第一部の締めくくりとしてもう一度この「チ」を取り上げ、その深奥に秘められた本質に触れてみたいと思います。

タマチハフ～タマ（霊）とチ（霊）の結びから生まれる強い神威

魂《たま》（霊）が弱々しくなって、魂癈《たましひ》の状態にならないよう、魂鎮《たましづ》めなどによって体外へ魂《たま》が出て行ってしまわないことを願いました。死ぬということは、現世《うつしよ》から幽世《かくりよ》へ向かうことでもありましたから、廃疾《はいしつ》や災害を防いでくれる神たちへも奉り物をしました。人《ひと》（霊《ひ》所《と》）が魂《たま》や心を人らしく生き生きと保つことが、息《い》の霊《ち》ある一生《ひとよ》を生きることでした。「女神《ひめかみ》もちはひたまひて」［万一七五三・長歌］とある「ちはふ」は、「霊《ち》はふ」の義で、「はふ」は「幸《さき》はふ」のハフと同様、神の加護があること示唆する接尾語です。霊《ち》の威力によって、加護を垂れてくれるとの意味です。

霊《たま》ぢはふ　神も我《われ》をば　打棄《うつ》てこそ　しゑや命《いのち》の　惜しけくもなし［万二六六一］

「（霊《たま》ぢはふ）神もわたしを見捨て給え　えいもう命は惜しくない」、失恋して捨て鉢になったとの歌意ですが、霊《ち》ハフにタマ（霊《たま》）が付くことによって、霊ハフよりさらに大きな強い加護を示唆する語が生まれます。それが「霊霊《たまち》はふ」です。

荒ぶる速さの神威、チハヤブル

つぎにチ（霊）の本質を考える上で重要と思われる語は、チハヤブル（千早振る）とチカフ（誓フ）です。景行天皇記に「道速振神《ちはやぶるかみ》」とあり、「千磐破《ちはやぶる》人」［万一九九・長歌］とあるように、強暴なあらあらしい、と言った意味の神や人に掛かる連体修飾語ですが、やがて『万葉集』などでは枕詞として多用されます。

ちはやぶる　金《かね》の岬《みさき》を　過ぎぬとも　我《われ》は忘れじ　志賀《しか》の皇神《すめかみ》［万一二三〇］

「恐ろしい金の岬（現在の福岡県宗像郡玄海町・鐘の岬）は過ぎたけれど　私は忘れまい　志賀《しか》の海神《わたつみ》のご加護を」という歌意で、チハヤブルは金に掛かる連体修飾語ですが、「ちはやぶる　神の社《やしろ》に」［万四〇一一・長歌］とあるように枕詞となり、本来の意味が薄れていきます。

玉葛《たまかづら》　実《み》成らぬ木には　ちはやぶる　神そつくといふ　ならぬ木ごとに〔万一〇一〕

「玉葛の実のならない木には（ちはやぶる）神が取りつくそうですよ　実のならない木ごとに」という歌意です。つれない女性に神がついてしまうよと脅したものですが、ここのチハヤブルはすでに枕詞として見られます。今一首枕詞の例をあげます。

ちはやぶる　神の斎垣《いかき》も　越えぬべし　今は我《わ》が名の　惜しけくもなし

〔万二六六三〕

「（ちはやぶる）神社の玉垣も越えかねない　もうわたしは名など惜しくもない（あれほど真剣に恋の成就を神に祈ったのに）」という歌意。

これらのチは霊《ち》のことで、血流・樹液の間断のない速さ、水や風の早い流れなど、霊《ち》はそれらのものが滞ることのないように速める（ハヤブ）神威を意味します。本来はチハヤブルという動詞であったものが、連体形のチハヤブルと使われることが一般化していき、千早振の当て字の「振」によってやがてチハヤフルと清音の訓みを通常とすることになりました。

「霊《チ》交《カ》ふ」は神と人の霊が交わること

つぎにチカフ（誓ふ・盟ふ）の語が、「霊《ち》交《か》ふ」の義であることを前提に、天智天皇紀一〇年十一月条を見ます。

大友皇子《おほとものみこ》、手に香爐《かうろ》を執りて、先《ま》づ起《た》ちて誓盟《ちか》ひて曰《のたま》はく、「六人《むゆたり》心《こころ》を同《おな》じくして、天皇《すめらみこと》の詔《みことのり》を奉《うけたまは》る。若《も》し違《たが》ふこと有《あ》らば、必ず天罰《あまつつみ》を被《かうぶ》らむ」と、云云《しかしかのたまふ》。

大友皇子（六四八〜六七三）は天智天皇の長子で、天武天皇元年（六七二）壬申の乱に蜂起した叔父大海人皇子《おおあまのおうじ》（天武天皇）の軍と戦い、七月二十三日敗死。明治三（一八七〇）年七月、明治天皇は皇子に弘文天皇《こうぶんてんのう》と追謚《ついし》しました。

誓《ちか》ふ（盟ふ）というのは、「必ず……をします」との実行の決意を神へ向けて述べ、祈り、約束することで、もし違約すれば、神罰をこうむることを前提としています。大友皇子は六人の重臣の前で、天皇《すめらみこと》の詔《みことのり》を承《うけたまわ》り、違背することがあれば、天罰《あまつつみ》（神罰）をこうむりますと神に約束します。つまり、神を証人とするほどの決意を述べることが、「誓《ちか》ふ」の内容です。チカフのチは霊《ち》の義で、カフは交《か》ふと見られます。長歌「白たへの　袖さし交へて　なびき寝《ね》し」（万四八一・長歌）（「白い絹の袖を交《かわ》して横たわって寝た」の歌意）に「交ふ」とあるように、自分の霊《ち》と神の霊《ち》を入れちがいにする、交差させることが「霊交《ちか》ふ」の意味です。交換する「換《か》（替）ふ」とは意味の異る語です。

似た語で、誓約《うけひ》があり、ある事柄の実現を祈誓することで、動詞は「誓《うけ》ふ」です。「ウケフ」は受く（下二段）をもとにする動詞で、「チカフ」が神かけて祈り、それを実行するのに対し、「ウケフ」は神に祈り、その効験によって吉凶・禍福・真偽などを占い、その結果を受け入れることを言います。

都路《みやこぢ》を　遠みか妹が　このころは　祈《うけ》ひて寝《ぬ》れど　夢《いめ》に見え来《こ》ぬ［万七六七］

「平城旧京から久邇京までの道のりが遠いのか　このごろは祈って寝てもあなたが夢に見えないのは」という歌意です。この「祈《うけ》ふ」はある事の実現を神に祈願する意味で、恋する女性が夢に見えることを神に祈ったのです。

力は「霊カラ」

春の花　今は盛りに　匂《にほ》ふらむ　折りてかざさむ　手力《たぢから》もがも［万三九六五］

「春の花は今を盛りと咲きにほっていることでしょう　折って髪にさす体力がほしいものです（今は病気に疲れて筋力も弱っているので）」と言った歌意です。この手力《たぢから》のチカラとは何かを考えてみます。同趣旨の短歌をもう一首。

出で立たむ　力をなみと　隠《かく》り居《ゐ》て　君に恋ふるに　心どもなし［万三九七二］

「出かけて行く元気（体力）がないので　閉じこもってあなたを恋い慕っていると　心ど（しっかりした精心）もなくなります」と言った歌意ですが、「手力《たぢから》」や「力《ちから》」は現代語でパワーと理解されます。つまり、力は「霊《ち》カラ」のことと推測されますので、いくつか「カラ」の類例を拾ってみます。

み吉野の　吉野の宮は　山からし　貴《たふと》くあらし　川からし　さやけくあらし　天地《あめつち》と　長く久しく　万代《よろづよ》に　変《か》はらずあらむ　行幸《いでまし》の宮　［万三一五・長歌］

聖武天皇（七一〇〜七五六）が吉野離宮へ行幸されることを称賛するつもりで大伴旅人《おおとものたびと》（六六五〜七三一）が事前に作りおいた歌です。山からし、川からしの「し」は副助詞で推定の助動詞ラシと応ずるものです。「山から（山そのものの本性）が気品に満ち　川から（川そのものの本性）がすがすがしく澄んでいるので　吉野離宮はいつまでも美しくあるだろう」との歌意です。このカラと同類の義を持つ上代語は多くあります。

a、親族《うがら》（のちにウカラと清音となる）、族《やから》、同胞《はらから》、同輩《ともがら》、人柄《ひとがら》。
b、神柄《かむから》、国柄《くにから》、山柄《やまから》、川柄《かはから》。

チカラの原義

b群のカラは、本性《ほんしょう》、本質《ほんしつ》または品格の意味と考えてよいでしょう。神の本質（カムカラ）、国の性質・本質（クニカラ）、山の本性・本質（ヤマカラ）、川の本質・本性（カハカラ）と言ったように、b群のカラは、上に付く名詞の本質と見られます。

a群のカラは、血縁、親類、身寄りと言った言葉の本質と考えるならば、血（霊《ち》）を共通とするものと推定されます。『琴歌譜《きんかふ》』注五九にある歌が上代人の感性を今に伝えています。同文献に残る十五番目の歌を挙げてみます。

川上《かはかみ》の　川榛《かははら》の木の　疎《うと》けども　春米持《つきしねもち》は　親族《うから》とぞ思《も》ふ

「川辺に生えた榛の木の枝がまばらであるように　ふだん親しい間がらではないけれども　正月用の米を運んでくる者は　親族《うから》と思う」と言う歌意です。舂米《つきしね》は搗《つ》いた米《こめ》のことです。米を「シネ」と呼ぶのは珍しく、祝詞（式）の広瀬大忌祭《ひろせのおほいみのまつり》に「和稲《にぎしね》・荒稲《あらしね》」とあるシネや伊勢の内宮に御稲御倉《みしねのみくら》とあるシネは米（稲）のことです（荒稲は籾から精米したもの、さらにそれを精製したものを和稲と呼びますが、シネはタミル語であろうと推断されたのは、大野晋氏です）。この歌では搗《つ》いた米を持ってくる人（米持）は、親族だと思うと言っているのですが、これはつまり米持もまたウカラのカラであると考えていることを示しています。このカラが、ヒトカラ（人柄）や親族（ウカラ）のカラ、つまりヒトやヤカラの本質・本性と捕えるならば、小作人であったやもしれない米搗き（舂米持《つきしねもち》）も等しくチカラ（霊柄《ちから》）に恵まれた者と見ていたということです。このように見てくると、チカラという言葉はチ（霊）の本質（カラ）を意味するところに原義があったと考えられます。

租・税はチカラと呼ばれた

上代では租・税もチカラと呼ばれてきました。租税は民の力から得られるため、と呼び名の理由を説明する書も多くありますが、租税をめぐる上代語に丁寧に見ていくと、その解釈とは別の理解が必要ではないかと思われてきます。

天武天皇紀六（六七七）年五月二十八日条注六〇には次のように見えます。

勅《みことのり》すらく、「天柱地柱《あまつやしろくにつやしろ》の神税《かむちから》は、三つに分《わか》ちて、一つをば、神に擬供《つかへまつる》が為《ため》にし、二分《ふたつ》をば神主《かむぬし》に分《わか》ち給《たま》へ」とのたまふ。

全国の神社に付属する神戸《じんご》（かんべ）の提出する「神税《かむちから》」は、三分の一を神にお供えし、三分の二を神主に分配せよ、と定められました。この神税は『養老令』「神祇令」（以下「養老神祇令」）注六一には左のように定められます。

租《そ》税《ぜい》者《は》。並是《みなこれ》田賦《でんぷ》。唯新輸曰租《ただしあらたにいたせるをそといひ》。経貯曰税《へたくはるをぜいといふ》。

貨幣経済が始まっていない時代、強いて言えば、「穀物経済」の時代に、国家の骨格を定めているのが律令です。ここに租はその年の穀物類が国に収められたものを言い、税は租を何年か経《へ》貯《たくわ》えたものとされますので、租は穀物類の単年度予算のことで、税は貯えられた予算《ストック》と見てよいのです。この租税を同令では「税《おほちから》」と総括しました。

租《そ》の単年度予算を蓄積した経年度予算「税《ぜい》」によって、伊勢の神宮を始め多くの古代の宮社は造替することができました。わが国古代の大事業を実施することを可能にした、この穀物をストックする技術は後に触れますが、おそらく七世紀の世界中にこれに優る食料の備蓄方法を作り出した者はいませんでした。それは最短でも二十年間のストックを可能にするものであったからです。このように、国家の重儀を支えた税《ちから》は高度な穀物の保存技術に裏打ちされた、まさに国家を動かすチカラでもありました。

神宮式年遷宮を支えてきたチカラ

国家の重儀を支えた税の代表的実例に、神宮の二十年に一度の造替遷宮《ぞうたいせんぐう》、後世神宮《じんぐう》式年遷宮《しきねんせんぐう》と呼ぶ大祭があります。律令という基本法の下、造替遷宮の施行細則を定めた式《しき》と呼ばれる法に税《ちから》の扱い方が取りまとめられていますので、全文が残る延喜式より該当箇所を引用してみます。

〈一〉凡太神宮《およそおほみかみのみや》は、廿年《はたとせ》に一度《ひとたび》、正殿《せいでん》・宝殿《はうでん》及び外幣殿《とのみてぐらどの》を造り替へよ。（以下略）

〈二〉凡太神宮《およそおほみかみのみや》、年限《ねんげん》満ちて応《まさ》に修造すべくば、使《つかひ》を遣《つかは》し、孟冬《まうとう》より始めて作れ。神宮《かみのみや》七院、社《やしろ》十二処（略）其《そ》の使《つかひ》の供給は神税を充《あ》て用《もち》ひ、丁匠《ていしやう》の役《やく》、封《ふ》戸《こ》の人夫《にんぷ》の粮食《らうじき》は、便《たより》に神税を用《もち》ひ若《も》し神税足らずんば正税《しやうぜい》を用ひよ。（以下略）

〈一〉の条文によって、伊勢の神宮は二十年に一度、造替《ぞうたい》することを定めました。〈二〉の条文には臨時の官制「使《つかひ》」を設け、その使の必要とするものと、木工《こだくみ》を始め造営に携わる人々の経費には神税（今ならば地方税）を充て、もし神税が不足するときは正税《しょうぜい》（今ならば国庫）から支出すると定められました。神事用の神税にもし不足が生じた場合には、正税から支出してもよいとの規定でした。

　持統天皇四（六九〇）年に第一回の皇大神宮（内宮）の遷宮が行われて以来、百二十年余の中絶期間を経験するなど千三百年余の間には多事多難の歴史がありましたが、国司が管理する神税であれ、国が掌握する正税であれ、常に国庫支弁の本義は守られてきました。（しかし、昭和二十一年三月九日に神宮は宗教法人となったがために、国からの直接支弁の道は閉ざされ、令和十五〈二〇三三〉年に予定されている第六十三回神宮式年遷宮の遷宮費策定にあたり、国庫支弁についていかなる方法を考慮するのか、深刻極まりない状況下にあります。注六二）

　ともあれ、わが国の最重儀である神宮式年遷宮は穀物経済下において、国庫支弁を前提とするものであり、それはチカラ（税）と呼ぶ穀物の蓄積《ちくせき》に支えられたものでした。延喜式などの母法に担当する『養老令』「倉庫令」（以下「養老倉庫令」）の倉貯積条にその種類と倉庫での保管年限について左の通り定められています。

凡《およ》そ倉《くら》に貯《つ》み積《つ》まむことは、稲《たう》、穀《こく》、粟《ぞく》は九年支へよ。雑種《ざふしゅ》は二年支へよ。糒《ほしひ》は廿年支へよ。

『和名抄』によると、稲《とう》とは、水陸から刈り取ったばかりのもの、穀《こく》とは、五穀即ち黍《きび》、稷《あわ》、菽《まめ》、麦《むぎ》、稲《いね》のようなもの、とされます。粟《ぞく》は籾のままの米であり、雑種《ぞうしゅ》は、雑穀のことで麦は含まれません。最後の糒《ほしい》は、乾飯《ほしいい》のことで乾飯《かれい》とも言います。フリーズドライ製法の米です。これらの倉庫における貯蔵年限が、九年、二年、二十年と定められており、二十年のストックを根拠にして式年遷宮は、二十年毎《ごと》ではなく、蓄積される税（予算）を計算しながら、二十年に一度実施されてきました。

チカラの語に託されてきたもの

これらのチカラは、現代で言えば資源（エネルギー）のことで、それを使って何かの仕事を行うとき、チカラ（力）と呼ばれ、現代ではパワーと考えられているものです。

わが国は、漢字の持っている音訓の機能を解体することによって、例えば「神《かみ》二四座者《にしませば》」〔万二三五〕の如く漢字の持つ意味と音を自在に使い分けることに成功しました。この発見と国語を伝えることに尽力した英才たちの名は伝わっていませんが、アジアの中で漢字文化の影響を受けながら、国語を今に伝え残し得た名も無き英才たちが、チカラの語を資源・エネルギーの「税」とパワーの「力」が表裏一体になったものと見破ったことは、どれほど称賛しても称賛しきれない発見だと思われます。現代の物理学で言う質量保存の法則が、チカラの一語によって理解されていました。驚異としか評し得ませんが、上代から現代に至るまで、「チカラ」がこの国の文明を支えて来たのです。

「穀物という資源の蓄積(税)が国家事業を動かす原動力(力)でもある」という意味をまさに一言に表現した上代の語「チカラ」。それは、千数百年昔のこの国の人々がここにこそ、この語の本質があると考え、この国の精神文化を育む礎として大切にしてきたことでもあるでしょう。これら上代の語を通して今に至るまで伝え続けられてきた上代の人々の想いは、これからもこのことを示唆しつづけることだろうと思います。

注一覧

はじめに　なぜ今、「神道神学」を問うのか？

一　古事記（こじき）は、歴史的文学の書。天武天皇の命により、稗田阿礼《ひえだのあれ》が「誦習《しょうしゅう》」し、これを天皇の詔により太安万侶《おおのやすまろ》が撰録。三巻。七一二（和銅五）年完成。諸家の所伝を正し、皇統を明らかにする目的で編纂された。上巻は天地のはじめから天孫降臨前後に至る神々の物語、中巻は神武天皇より応神天皇までの英雄伝説、下巻は仁徳天皇から推古天皇に至る物語となっている。それぞれに神々と天皇家の系譜がふくまれる。日本書紀が漢文体であるのに対し、万葉仮名を使い、宣命体によって国語表記に成功した。本稿では岩波書店刊行の同書を底本とした。

二　日本書紀（にほんしょき）は、「日本紀《にほんき》」とも。六国史《りっこくし》の一つ。勅撰の歴史書。七二〇（養老四）年、舎人《とねり》親王ら撰。三十巻。ほか系図1巻。ただし系図は現存しない。神代から持統末年の六九七（持統十一）までの記事からなる。漢文・編年体で書かれている。本書は岩波書店刊行の同書を底本とした。「帝紀」「旧辞」のほか、朝鮮の古記録、寺院・個人の記録、氏族の家伝などが素材として用いられる。漢籍による修飾が多いが、七世紀までの日本古代史の基本文献史料。わが国最古の正史。従来の神代紀の章名は次の通り。＊傍線部の頁数は岩波書店の日本古典文学大系本『日本書紀・下』による。

第一段　七六頁一行　―　七八頁三行　神代七代《じんだいしちだい》章

第二段　七八頁一三行　―　七九頁三行　神代七代章
第三段　七九頁四行　―　八〇頁三行　神代七代章
第四段　八〇頁四行　―　八六頁九行　八洲生成章
第五段　八六頁一〇行　―　一〇二頁一四行　四神出生《ししんしゅっせい》章
第六段　一〇二頁一五行　―　一一一頁三行　瑞珠盟約《ずいしゅめいやく》章
第七段　一一一頁四行　―　一二〇頁一七行　宝鏡《ほうきょう》開始章
第八段　一二一頁一行　―　一三二頁二行　宝剣出現《ほうけんしゅつげん》章
（以上、神代紀上）
第九段　一三四頁一行　―　一六三頁四行　天孫降臨《てんそんこうりん》章
第十段　一六三頁五行　―　一八五頁二行　海宮遊幸《かいぐうゆうこう》章
第十一段　一八五頁三行　―　一八六頁二行　神皇承運《じんのうしょううん》章
（以上、神代紀下）

三　万葉集（まんようしゅう）は、奈良時代編纂の日本で最古の歌集。二十巻。撰者は不詳だが、大伴家持《おおとものやかもち》か。成立年不詳。仁徳天皇から七五九（天平宝字三）年までの長歌・短歌・旋頭歌《せどうか》など四五〇〇余首を収録。作品の時代は通常四期に分けられ、第一期（壬申《じんしん》の乱まで）は伝踊歌《でんしょうか》など素朴な歌謡が多い。第二期（奈良遷都まで）は最盛期で柿本人麻呂、第三期（七三三〈天平五〉年まで）は山部赤人・大伴旅人《たびと》・山上憶良、第四期（七五九年まで）は家持らが中心的歌人。作者は天皇から農民・兵士に至り、東国の東歌《あずまうた》・防人歌《さきもりうた》などにも秀作が多い。本稿では小学館の日本古典文学全集を底本とした。

四　和名類聚抄（わみょうるいじゅしょう）は、「和名抄」「倭名類聚抄」とも。百科辞書。源順《みなもとのしたごう》編。十巻または二十巻。承平年間（九三一～九三八）成立。漢語の名詞を分類配列し、その出典・意味・発音を漢文で注し、日本語としての読みを万葉仮名で示す。本稿では覆刻日本古典全集（現代思潮新社）を底本とした。

二章　もう一つのカミの呼び名

五　延喜式（えんぎしき）は、律令法の施行細則（式）を集大成した法典。醍醐天皇の命によって藤原時平を中心に編纂。全九十巻。九二七（延長五）年完成、九六七（康保四）年施行。官庁ごとに関連法令を配列し、後世公事の典拠として重視された。明治の内閣法制定までわが国の国法であった。

六　『日本人の神』大野晋著、河出書房新社二〇一三年刊。三省堂二〇一九年刊『神（一語の辞典）』（同氏著）や角川学芸出版二〇一一年刊『古典基礎語辞典』（同氏編）を合わせて参照。

七　日本書紀・上。岩波書店　昭和四二年刊『日本古典文学大系』の『日本書紀　上・下』を定本として使用。同書の上の補注1―四四を引用。

八　延喜式祝詞は、延喜式巻第八・神祇八・祝詞の略称。その月次《つきなみ》祭や神嘗《かむにへ》祭の条には、「度会《わたらひ》の宇治《うぢ》の五十《い》鈴《すず》の川上に大宮柱《おおみやばしら》太《ふと》敷《し》き立《た》て、高天原《たかまのはら》に千木《ちぎ》高知《たかし》りて」と祝詞の冒頭を飾ることばとして伝えられ、宮柱は太く立派に、千木は高天原に届かんばかりに壮厳にと誉め称えて祝詞の主文に入る。

三章「カミ」という語はどこからきたか

九　三節祭。伊勢の神宮の根幹と称すべき神事。六月と十二月の月次祭《つきなみのまつり》、旧暦九月（現十月）の神嘗祭を合わせて言う。由貴（神聖なお酒）を添えた大御饌《おおみけ》（盛大な魚介類などの奉り物）を深夜に二度お供えする日時は三節祭共通。現在は十五日から十六日にかけて豊受大神宮（外宮）、十六日から十七日にかけて皇大神宮（内宮）で満月前後の明るい月影のもと行われるが古代では神嘗祭の夜に二十年に一度、新たに造営された正宮へ神儀（御神体）をお遷しする遷御《せんぎょ》の儀が行われた。この大祭が近代になって、神宮式年遷宮と呼ばれることになった。

一〇　橋本進吉（一八八二―一九四五）。明治以後における国語学・文献学の分野で最も傑出した国語学者。上代特殊仮名遣《じょうだいとくしゅかなづかい》の研究は国語学の指針となっているばかりか、歴史学、文化史学等に多大な影響を与えつづけている。

一一　允恭天皇記・二九八頁「加美都勢《かみつせ》」とある。

一二　皇極天皇紀・二五九頁「騰擧預能柯微《とこよのかみ》」とある。

一三　允恭天皇記・二九八頁「加賀美袁加気《かがみをかけ》」とある。

一四　万三四六八。「尾《を》ろのはつをに（不詳）に「可賀美可家《かがみかけ》」とある。

一五　神武即位前紀十月条、紀の二〇三頁「伽牟伽筮能《かむかぜの》、伊斉能于瀰《いせのうみ》」とある。

一六　万三二五〇。「倭《やまと》之《の》国《くに》者《は》神柄《かむから》跡《と》」とある。

一七　万一六七。「石門乎開《いはとをひらき》　神上《かむあがり》　上座奴《あがりいましぬ》」とある。

一八　万三二五三。「水穂国者《みづほのくには》　神在随《かむながら》　事挙不レ為国《ことあげせぬくに》」とある。

一九　仲哀記・二三六頁。「許能美岐袁《このみきを》　迦美祁牟比登波《かみけむひとは》」とある。

二〇　応神記・二四六頁。「余久須邇《よくすに》、迦美棋意富美岐《かみしおほみき》」とある。

二一　延喜式祝詞の祈年祭《としごひのまつり》条。「手肱《たなひぢ》に水沫《みなわ》画《か》き垂《た》り、向股《むかもも》に泥《ひぢ》画《か》き寄《よ》せて、取作《とりつく》らむ奥津御年《おきつみとし》を」とある。

二二　天武天皇紀五年九月条。「新嘗《にひなめ》の為に国郡《くにこほり》を卜《うらな》はしむ。斎忌《ゆき》は尾張国《おはりのくに》の山田郡《やまだのこほり》、次《すき》は丹波国《たにはのくに》の訶沙郡《かさのこほり》、並《ならび》に卜《うら》に食《あ》へり」とあり、悠紀《ゆき》（悠忌）に対して主基《すき》（次）が卜《うらない》に食《あ》たったと記録される。

二三　延喜式巻第四十に「新嘗会《しんじょうゑ》の白黒《しろきくろき》二酒の料《れう》」も醸造されますが、麹室だけは「壁を塗れ」（践祚大嘗祭）と定められます。御酒《みき》を醸《か》むことが、重要なお祭りの大前提でした。

二四　万一九九（長歌）に「渡会《わたらひ》の　斎宮《いつきのみや》ゆ　神風《かむかぜ》に　い吹き惑《まと》はし」とある。

二五　万四二四三に「神言《かむごと》」は見え、神のお言葉の意。

二六　万三二一七（長歌）に「天地《あめつち》の　分《わか》れし時ゆ　神《かむ》さびて」とある。

二七　万一五六に「神之神須疑《みわのかむすぎ》」と三輪山の神木の杉のことを記す。

二八　崇神紀六十年七月条に「天《あめ》より将《も》ち来《きた》れる神宝《かむだから》」とある。

二九　万八九四（長歌）に「海原《うなはら》の　辺《へ》にも沖《おき》にも　神留《かむづ》まり」（神留り）とある。

三〇　崇神紀に「意富多多泥《おふたたね》古命《このみこと》を以ちて神主《かむぬし》として」とある。

三一　万一六七（長歌）に「神分《かむはかり》　分之時《はかりしとき》」とある。

三二　延喜式の「六月晦大祓《みなづきのつごもりのおおはらへ》」に「神掃《かむはら》ひに掃《はら》ひ賜《たま》ひて」とある。

三三　神宮の六月と十二月の祭には、斎内親王《いつきのひめみこ》が瑞垣門《みづがきもん》に太玉串を立てると見え、同式の神嘗祭《かむにへのまつり》の祝詞も「大中臣太玉串に隠《かく》り待りて」、「天津祝詞《あまつのりと》の太祝詞辞《ふとのりとごと》を」申すと定められます。

四章　タマとタマシヒ

三四　大伴旅人《たびと》の異母妹。初め穂積皇子に愛されたが、皇子の薨去《こうきょ》後藤原麻呂の妻となる。のち異母兄宿奈麻呂に嫁し、坂上大嬢《だいじょう》（家持《やかもち》の妻）らを生んだ。旅人薨去後、大伴一族の中心的存在として重んじられた。その作品は才気にあふれ、家持の作歌生活に大きな影響を与えた。

三五　「玉梓の妹」と妹にかかる枕詞となったのは、本来玉の梓を杖にしてやってきて、思いがけない知らせを持ってくる「使《つかひ》」にかかるものであったのが、玉ヅサ（不思議な知らせ）を贈るべき妹にかかるように変化しました。

三六　平安中期を代表する歌人、和泉式部（生没年不詳）も玉床を詠んだと思われる歌があります。『和泉式部集』より。

寝《ね》し床に　魂《たま》なき骸《から》を　とめたらば　無げのあはれと　人も見よかし

「亡くなって　亡骸をとどめている私をかりそめの愛であったと人は見るがよい」との歌意でしょうが、これは恐らく式部の辞詠であったかと思われます。また『和泉式部続集』には、「師走《しはす》の晦《つごもり》の夜」と題して次の歌が目を引きます。

なき人の　来る夜と聞けど　君もなし　わが住む里や　魂《たま》なきの里《さと》

大晦の夜、亡き人の御霊を祭る習慣があり、その霊祭《たままつり》の夜は敦道親王も生前の御霊《みたま》を宿した人として帰って来ると信じていたむなしさに茫然としていた式部の歌です。

　このように「玉床」に亡骸を一旦はとどめおくが、それを運び去るとその人の御霊はいなくなり、ほんの少しのその人の分霊が寝屋や木枕に残っていると感じられたのです。岩波文庫本の『和泉式部集・和楽式部続集』（清水文雄校注）参照。

三七　長歌の出だしは、愛《うるは》し妻と言葉を交わさずにとうとう磐余《いはれ》街道（現桜井市）までやってきたが、「魂《たま》合《あ》はば、君来《き》ますやと」心は千々に乱れるばかりなので、あなたの名を言ってしまいそうになります。道を来る人が「いったいどうしたのか」と尋ねられたら、「山より出づる、月待つ」、月の出を待っていると答えます。という歌意の歌です。魂合う人の名を胸に秘めて任地へ向かう「もののふ」の裏哀の情が伝わます。

三八　霊《たま》ぢはふ　神も我《われ》をば　打棄《うつ》てこそ　しゑや命《いのち》の　惜しけくもなし　[万二六六一]

「（霊ぢはふ）神もわたしを見捨て給え　えいもう命は惜しくなどない」という恋の苦しみを表白する歌。

三九　松反《まつがへ》り　しひてあれやは　三栗の　中上《なかのぼ》り来《こ》ぬ　麻呂といふ奴《やっこ》

「国司（地方官）として下向した夫は上京して妻を訪れることもしない」と非難する歌。「松反り」の枕詞の語義は未詳。「三栗の」は栗が一つのいがの中に三個の実ができ、その「中」を言うための枕詞。麻呂は若い男子を言うがこの場合はなじって「麻呂という奴《やっこ》さんは」と歌ったのです。

四〇　『古語拾遺』の中で、斎部広成が、神代以来の道統を守るべく「遺《のこ》りたる一」から「遺りたる十一」までを平城天皇のもとへ提出した中に、「遺りたる九」として天鈿女命の「遺跡」について記している。岩波文庫本『古語拾遺』西宮一民校注。

四一　古代律令国家の基本法、行政法として最終的に成立した『養老令』は天平宝字元（七五七）年に施行されたが、法文解釈の公的見解として天長一〇（八三三）年に編纂されたもの。その巻一「識員令《しきねんりやう》」の神祇官条に「鎮魂」の注解が示されている。

四二　『群書類従』（明治三一年、経済雑誌社刊）の第五輯に「年中行事秘抄」が収められ、その十一月条に「中寅日《なかのとらのひ》。鎮魂祭事。」とあり、「鎮魂歌」を伝える。五節舞《ごせちのまひ》については「天平一五（七四三）年五月に「皇太子親儛二五節一」とある。舞姫は参議の子女ら五人が仕えた。

四三　延喜式巻二、神祇二、四時祭下の「鎮魂」条に「神八座」と「大直日神一座」を記す。

四四　律令の訓読について全文の正確な考証をしているのは、岩波書店の日本思想大系『律令』（一九七六年刊）ですから、識員令《しきいんりやう》冒頭の神祇官条を引きます。

神祇官《じんぎくわん》

伯一人《はくいちにん》。掌《つかさど》らむこと、神祇《じんぎ》の祭祀《さいし》、祝部《はふりべ》・神戸《じんご》の名籍《みやうじやく》、大嘗《おほむべ》、鎮魂《おほむたまふり》、御巫《みかむなぎ》、卜《うら》に兆《きざし》みむこと、官《くわん》の事《こと》を惣《す》べ判《ことわ》らむこと。余《よ》の長官事判《ちやうぐわんことことわ》らむこと、此に准《なすら》へよ。

四五　雄略天皇紀二三年八月、六十二歳で初瀬の朝倉宮に崩御。

四六　万一三五は「つのさはふ　石見《いはみ》の海《うみ》の」で始まる長歌。「肝向《きもむかふ》　心乎痛《こころをいたみ》」と見える。

四七　万一七九二は「白玉《しらたま》の　人のその名を」で始まる長歌。「肝向《きもむかふ》　心摧而《こころくだけて》」と見える。

四八　時代が下って養老令では、「緑」が「黄」と唐令にならったものになっている。「みどり児」の国語が大宝令には影響していた。

五章　ヒトは成長して恋をする

四九　垂仁記の御子誕生に際し、「子の名は必ず母の名づくる」と命名権が上代では母にあったことを紀の海宮遊幸章・一書の第三にも豊玉姫に皇孫《すめみま》が「児《みこ》の名《みな》を何《いか》に称《なづ》けば可《よ》けむ」と尋ねたところ「ヒコ・ナギサ・タケ・ウガヤ・フキアヘズのミコトと号《なづ》くべし」と答へ、皇孫と別れ海宮へ帰ってしまい、妹の玉依姫《たまよりびめ》が姉に代って養育（日足《ひだ》す）することとなったと伝えます。

五〇　戸令の第二四条に「凡《およ》そ男の年十五、女の年十三以上にして、婚嫁聴《こんけゆる》せ」とあり、それぞれ数え年の年令。

五一　塩の香のする（塩気立）とある。

塩気《しほけ》立つ　荒磯《ありそ》にはあれど　行く水の　過ぎにし妹《いも》が　形見《かたみ》とそ来《こ》し［万一七九七］

「潮の香のする何でもない荒磯《あらいそ》ではあるが（行く水の）亡くなった妻の形見の地と思い来た」との歌意。

五二　記紀や風土記には「歌謡」が挿入されて、舞楽として完成されたものが宮中で奏されて来、『梁塵秘抄《りょうじんひしょう》』を底本とする「神楽歌《かぐらうた》」には番号が付されて整理されている。

七十五　伊勢志摩の　海人《あま》の刀称《とね》らが　焼《た》く火《ほ》の気《け》　おけ　おけ

「湯立歌《たてのうた》」と称するように、神前での儀式で、湯をわかして、竹葉をそれにひたし、その湯を身にふりかけて、神がかり状態に入り、神の託宣を受けることを所作したものと考えられる。「刀称」は神職のこと。

五三　万四二九〇

春の野に　霞《かすみ》たなびき　うら悲《がな》し　この夕影《ゆふかげ》に　うぐひす鳴くも

大伴家持の歌。「うら悲し」のウラは心のことで、「心悲し」と言うのと同じ。夕影は夕日の光のこと。

五四　万四〇一〇

うら恋《ごひ》し　我《わ》が背《せ》の君は　なでしこが　花にもがもな　朝《あさ》な朝《さ》な見む

「お慕わしい（心恋《うらご》ひし）あなたは　庭のなでしこの花であればよい　毎朝見たいものです」と言った歌意。

五五　記上巻・大国主神の国護り

故《かれ》、更にまた還り來て、その大國主の神に問ひたまひしく、「汝《いまし》が子等《こども》、事代主の神、建御名方の神の二《ふた》はしらの神は、天つ神の御子の命の隨《まにま》に違はじと白しぬ。故、汝が心は奈何《いか》に。」ととひたまひき。ここに答へ白ししく、「僕《あ》が子等《こども》、二はしらの神の白す隨《まにま》に、僕《あ》は違はじ。この葦原の中っ國は、命の隨に既に獻らむ。ただ僕《あ》が住所《すみか》をば、天つ神の御子の天津《あまつ》日繼《ひつぎ》知らしめす、とだる、天《あめ》の御《み》巣《す》如《な》して、底《そこ》つ石根《いはね》に宮柱《みやばしら》ふとしり、高天の原に氷木《ひぎ》たかしりて治《をさ》めたまはば、僕《あ》は百足《ももた》らず八十坰手《やそくまで》に隱《かく》りて侍《さもら》ひなむ。また僕《あ》が子等《こども》、百八十神《ももやそがみ》は、すなはち八重事代主の神、神の御尾前《みをさき》となりて仕《つか》へ奉《まつ》らば、違《たが》ふ神はあらじ。」とまをしき。

皇孫《すめみま》に大国主神は「現世」を譲り、根の国・底の国に隠《かく》れて、百八十神が八重事代主神の先頭に立ち、殿《しんがり》（御御前《みをさき》）となって皇孫の現世を守護することを約束しました。

五六　「右当月十一日の平旦に、天皇、大極《だいごく》の後殿《こうでん》に臨み幣《みてぐら》を奉《たてまつ》りたまふ。」とあり、九月十六日（外宮）、同十七日（内宮）に勅使が天皇の幣帛《へいはく》を奉るべく神事を行いました。

五七　ミカンコはミカンナギ（御巫）とも呼ばれ、神を斎《いつ》き祭る童女。諸国国造等の童女、七、八歳の者を当て、八神殿以下二十二座のお祭りに奉仕した。

五八　アヒナメは相嘗《あひにへ》とも称し、十一月上卯（中卯に新嘗祭が行われる）に、七十一座の神をお祭りし、十一月中寅の鎮魂祭を迎えることになるので、新嘗祭の前儀として重い神事でした。

六章　チ（霊）の本質

五九　『琴歌譜《きんかふ》』は編者未詳。平安初期に成立。宮中で奏する「大歌《おほうた》」の譜本で、十九の歌曲名と万葉仮名の二十二の歌詞、およびそれらの声譜と和琴《わごん》の譜を記し収める。

六〇　神社に属する神戸《かんべ》が提出する田租を神税とし、今ならば地方税に相当し、対して国庫収納のものを正税と呼ぶ。

六一　養老神祇令の「神戸条」義解。

六二　小堀邦夫著『第六十三回神宮式年遷宮、奉賛の道理と課題』（和器出版　令和５年　２０２３）には、国家がなすべき方途のうち、国費支弁について詳述。

II 環境問題篇～御年《みとし》の幸はふ国

「みとしとは、御年とも弥年とも書き、みは美称、としとは稲のことである。……」

『鳥見のひかり／天杖記』保田與重郎 解説「戦中からみとしの会の頃」奥西保より。

環境問題篇は、十八歳の頃より和歌山市の劣悪な環境行政と対峙しながら、保田《やすだ》與《よ》重郎《じゅうろう》先生の反近代の思想を学びつづけた成果のひとつで、およそ半世紀にわたって宇《う》治《じ》田《た》一也《かずや》、梶川哲司《かじかわてつじ》氏らの教えの恩恵に浴してきた内容をまとめたものです。テキストは米政府刊行の二十一世紀の環境予測、『西暦2000年の地球』とエドワード・シルベスター・モースの『日本その日その日』、安藤昌《あんどうしょう》益《えき》の『自然真営道』、槌田《つちだ》敦《あつし》氏を始めとする資源物理学のすぐれた著作などです。

二十一世紀の地球環境予測

故郷の海が埋め立てられていく

環境問題の将来予測に関する最も大きく、詳細精緻な報告がなされたのは、カーター大統領の任期中のことでした。昭和五十二年（一九七七）五月、大統領の命令で、ホワイトハウスの直属の環境問題諮問委員会（ＣＥＱ）が国務省と共同して調査分析に着手し、昭和五十五年（一九八〇）七月にその報告書は完成しました。これが「The Global 2000 Report to the President … Entering the Twenty-First Century」、訳書名『西暦２０００年の地球』という報告書でした。完成当初の原文は通産省が禁閲覧の扱いとしましたので、住民運動に拘っていた人々は米国からコピー（青刷り）を取り寄せ、自ら和訳するしか閲覧のすべはありませんでしたが、ほどなく訳書が家の光協会から刊行されました。なお現在に至るまでこのレポートを超える調査報告は行われていません。

昭和四十年代の和歌山市の環境破壊、環境汚染は三重県四日市市のそれを上回る深刻なものでした。住友金属の公害問題を始め火力発電所計画、港湾埋立て計画等々、その具体的な変遷と問題点についてはようやく平成二十九年に上梓された梶川哲司著『和歌山の公害―海岸線の埋立て開発をめぐって―』において検証されました。梶川哲司氏と私はともに、この和歌山市の港湾埋立て計画に身を挺して異を唱えた宇治田一也先生の教え子でした。『20世紀日本人名事典』に同氏は次のように紹介されています。

宇治田一也

昭和期の市民運動家。生年大正14年（一九二五）7月2日、没年昭和59年（一九八四）12月3日。京都大学文学部哲学科中退。

保田與重郎に師事し、反近代思想の影響を強く受ける。昭和30年（一九五五）に帰農。昭和43年住友金属和歌山製鉄所の埋立に反対し、〝海を返せ〟運動を開始。昭和44年に33日間にわたるハンストを決行して磯浦海水浴場を守ったのをはじめ、和歌浦埋立て、多奈川第2火力発電所建設などの反対運動の先頭に立った。〝新しい文明

を考える会〟を主宰、環境破壊反対の住民運動を続ける。（384頁）

住友金属和歌山製鉄所の拡張海面埋立工事に反対して、宇治田先生は木本八幡神社に参拝したのち、昭和四十四年三月四日に無期限のハンスト（ハンガー・ストライキ、絶食して抵抗、抗議すること）に入られました。「六万市民の署名の心!!これ以上の埋立反対。最後の海水浴場を守れ」の立看板のかたわらには日章旗がひるがえり、先生自身は日の丸の鉢巻きをして、小さなテントに籠り、口にするのは毎日一升近い水のみで断食を続けられました。その三十三日間に及ぶ抗議の詳細は、元朝日新聞記者、松本英昭氏の『海があちらへ死んで行く―早すぎた「自然を守る」闘い―ハンスト33日間の記録』に明らかになっています。

十八歳の私はこのテントに毎日のように詰めて、雑用係をしていましたが、保田與重郎先生がひどく心配されているようだから、私に現状をお知らせするようにと宇治田先生から依頼され、京都洛西鳴瀧の保田先生宅を訪れましたのは、多分ハンスト二十日以上経ってからのことであったと思います。日本浪曼派の総帥と評される文芸評論家の保田先生にこの日より私も師事することになりましたが、やわらかな関西訛の言葉づかいが今も耳朶に残っています。

公害という棘

さて、苛酷な環境問題に日夜取り組まれてきた宇治田先生はよく「この文明から公害という刺《とげ》だけを抜き去ることができるか」と私どもに問われ、近代文明（現代文明）の内包する諸問題への分析と解明を示唆し続けられました。その過程で『西暦2000年の地球』は多くの環境上の危機的状況を報告しており、宇治田先生はこれを〝亡びの時刻表〟と読み取られました。その二十一世紀への予測の要約を紹介します。

〈結論〉

もし現在の傾向が続くならば、西暦二〇〇〇年（二十一世紀）の地球は、もっと混乱し（crowded）、もっと汚染され（polluted）、もっと生態学的に不安定となり、もっと破壊に対して脆くなり、もっと多くの点で貧しくなる。総じて、人々の生活は今よりも一層危なっかしい（precarious）ものになるだろう。

〈要点〉

　西暦二〇〇〇年には、人口は一・五倍となり、地球上には六十億人以上の人が住むことになり、一人当たりの耕地面積は、〇・二五ヘクタールに、即ち三十％以上が減少する。と同時に、その他の肉食化、異常気象、石油づけの生活等の影響を受けながら、飢えに苦しむ人口は六億人から十三億人以上に増加する。

　また、一人当たりの水の供給量も三〇％以上減少し、砂漠の拡大は、一年間に日本の全耕地面積程（六〇〇万ヘクタール）が加速されつつ進み、西暦二〇〇〇年には二〇％増加し、世界の森林の半分を占める開発途上国の森林は、四〇％消滅し、一人当たりの立木量は世界全体で四七％減少し、二〇二〇年までに途上国の物理的に接近可能な森林は絶滅する。米国ではすでに三十年前から表土の三分の一の流失が警告されていたが（これは機械文明の自殺行為に他ならない）、西暦二〇〇〇年までに、表土は数インチ流亡する。（四インチとして約一〇センチ）＊著者注／表土が一センチできるのに百年から四百年を要すると言われる。

水産資源は、沿岸域の急速な破壊の影響を受けて、少なくとも一人当たりの供給量は減少する。これに対して、海洋が毒のスープになろうとしていることが、仮に観察されたとしても、世界の全ての国がこれに対応するのに、一体どれだけの時間がかかるのであろうか（〝地球は水球〟であるのに）。

耕地は、塩分集積、化学肥料の投入等によって、生産力に換算すると一〇〇万エーカー（四〇万ヘクタール）が毎年喪失し続け、この二十年間で四千万人分の耕地が失われる。種は二〇％が絶滅するという〝有史以来の暴挙〟に見舞われ、五十万〜二百万の種が姿を消す。このような点と並行して、南北の貧富の格差は一対十一から一対十四以上に広がる。

原油生産は一九〇〇年代には遅くともピークを迎えるが、大気中の炭酸ガス濃度は、二十一世紀半ば頃に現在の二倍となり、異常気象が常態となり、食糧危機が加速されると注釈される。

さらに、原子力発電から生ずる放射能廃棄物のすべてが、事故を起こすことなしに、安全に貯蔵され、かつ処分されうるということは、いまだに証明されていない。

いまなお有効な〝亡びの時刻表〟

以上が四十年前にアメリカ政府の行った調査の報告書について、宇治田先生が整理された内容から拾わせていただいた要点です。ただし、（1）政策に大きな変更がないこと、（2）革命的な技術革新及びその利用の速度に変化がないこと、（3）戦争や大恐慌が発生しないこと、この三点が前提条件とされています。

しかしながら、現在の文明が内包している傾向を考慮した上で、このアメリカ政府の報告書を再々度読み返すならば、二十一世紀には、年々に紛争、戦争の原因が増加していくと同時に、人類生存基盤の崩壊が日一日と加速されていると結論せざるを得なくなるとの宇治田先生の示唆を思い返し、〝亡びの時刻表〟の公表後四十年経って、私たちはまた、改めてその内容の苛烈さを認識しなければなりません。このレポートを訂正するほどの改善策は四十年経った現在、何も実施されていません。

　東京電力の福島での放射能汚染、異常気象による水産資源の変動、生物種の急激な減少に伴うコロナウィルスの大発生、プラスチックゴミによる海洋汚染等々、すべて四十年前に予測されていたにも拘らず、私たちは目の前にある危機を先送りにする罪を犯しつづけてきました。『西暦2000年の地球』レポートがアメリカのカーター大統領に報告された昭和五十五年（一九八〇）に生まれた人々はすでに四十歳をすぎ、孫の顔を見ようかという世代に入っています。

　環境破壊から目をそらすことなく、この四十年間に誠実で本質的な考察を示されてきた方たちも多くおられます。例えば、『石油と原子力に未来はあるか―資源物理学の考え方』や『石油文明の次は何か』などの著者、槌田敦氏、『君はエントロピーを見たか？地球生命の経済学』の著者、室《むろ》田《た》武《たけし》氏をはじめ『鎖国の経済学―オルタナティブ・エコノミクスを求めて』の著者、大崎《おおさき》正治《しょうじ》氏など多くの深い憂心を持った研究者たちは、わが国の将来を考えるためには必ず教えを乞うべき偉材です。

エコノミックアニマルの無関心が招いたもの

しかし、世界に誇れる優れた見識の数々が現実の工業社会の改善をほとんど何もなし得て来なかったことには、いくつも理由を指摘できると思います。例えば、昭和四十年（一九六五）パキスタンのブット外相が日本の経済進出のあり方について、エコノミックアニマル（economic animal）と指摘したときの恥《はずか》しさは、なり振りかまわず戦後の復興を進めてきたことを反省させるものでしたが、それは戦前の道徳観や倫理観をことごとく蔑み、反戦平和を唱えることを免罪符として、ひたすら経済成長こそが国の進むべき方向と信じてきたことに因があります。そのような日本人のあり方が、今の豊かさを失いたくないとするばかりの大消費社会を出現させ、結果として、環境問題をどこかへ棚上げしてしまう思潮が一般となって行きました。

しかし、様々あるこうした理由の中でも、最も肝心な点は、この身を捨ててでも子孫たちのためになさねばならないことを誰もが忘れたことではないでしょうか。

心痛む例になりますが、一九七〇年代から八〇年代にかけて多数発生した北朝鮮による拉致被害者とその家族たちの悲しみをマスコミと同様に、多くの国民がどこかへ棚上げしてきた罪深さこそ、その最たることのひとつであると私には思われてならないのです。そしてこの無関心の底流には幕末以来、国の独立と植民地主義者をアジアから駆逐する戦いに人柱となって行った多くの先人たちを忘却している、戦後七十年にわたる軽薄さが滔滔と流れているのではないでしょうか。

植民地主義者からの解放の戦いは、まだ終わっていないと思考するのが、保田與重郎先生の『絶対平和論』や『明治維新とアジアの革命』等の著作です。「そのころに於ける我々の表現は、アメリカニズムと、ロシア的共産主義とを一擧に消滅させるといふことだつた。一ぺんにやつつける、といふのがこの素朴な表現である。この二つは矛盾する關係でなく、ともに「近代」の雙子《ふたご》である」（『日本浪曼派の時代』新学社 40頁）と保田與重郎先生は大東亜戦争の前夜、昭和十年代を回想されています。

「石油文明以前の日本」への眼差し

社会を動かす動力源を何に求めるのか

先に紹介した宇治田氏が「この文明から公害という棘だけを取り除くことができるか」と問いかけたように、環境問題を突き詰めて考えていくと、それは文明論に行き着きます。

環境問題の本質的視座を考究する研究者の中でも、最も論鋒《ろんぽう》鋭くこの問題の根本に迫り、多くの論考を発表しつづけてきた槌田敦氏は、私たちの生きる基盤である現代文明を端的に「石油文明（石油に依存した文明）」と見做します。そしてこの文明のあり方に環境汚染の根源があることを明快に指摘した上で、「社会を動かす動力源を何に求めるのか」と問題提起をし、次に来たるべき文明の姿に、江戸時代のあり方を重ね合わせ、以下のように記しています。

石油文明の次の社会は、水を基本資源として、土から得られる資源で支えられるということはすでに述べた。これ以外に資源から廃物への流れが健全なものはないからである。

しかし、このような資源によって支えられた社会として、われわれは祖先の社会を知っている。したがって、「石油文明の次は、端的にいって、江戸時代ということか」という疑問になる。

一面ではその通りであろう。先ず、江戸時代について、誤解がある。江戸時代の農民の生活は貧しかったという。だが、当時の武士だってそんなに良い生活をしていたのではない。問題は、五公五民という米の供出である。いろいろの口実が設けられ、米はほとんど農民に残らなかった。しかし、米以外は自由であり、これによって、相当豊かな生活をしていた。その証拠は百姓一揆である。一般に、貧しかったから一揆が起きたと考えられている。貧しければ、もはや、人間には争う意欲など起こらない。（中略）

江戸時代がひどい時代だったという常識は、明治、大正、昭和の教育の結果である。つまり、農民から税金をまきあげるために、昔はもっとひどかったのだと教育することによって、ごまかしたのである。百年間にわたる執拗な教育で、すっかり、騙されてしまったというのが真相のようである。したがって、江戸時代に戻るということを何も考えずに嫌悪することは良くない。そこで、何が良くて、何が良くないのか、または石油文明の次の社会は何が同じで何が違うのか、それを明らかにして行きたい。（『石油文明の次は何か』農山漁村文化協会 207頁）

昌益はなぜ「聖人」を批判したのか

槌田氏は、現代人の目で江戸時代の暮らしを考察し、水と土を主な資源とした江戸時代の社会のあり方に未来の文明の可能性を見たといえますが、その江戸時代に生まれながら自身が拠って立つ世の中の根本的な矛盾に鋭い目を向け、多くの書物を著した思想家がいたことが近年知られるようになりました。安藤昌益です。昌益は世の中の矛盾を根本的に解決するための視座に「農」を据えた思想家です。

生年は未だに不明ですが、現在の秋田県大館市内の仁井田で宝暦十二年（一七六二）十月に没したことが明らかにされ、その死後、門人達によって「守農太神確龍堂良中先生」の名と、その由来を刻んだ石碑が建てられたらしいものの、それも破却されたと言われます。著書としては、『自然真営道』、『統道真伝』、『孔子一世辨記』（未発見）が知られています。『自然真営道』は全百一巻九十三冊という大部のものでしたが、その稿本は発見者である狩野享吉博士の手元から東京帝国大学図書館に所蔵されて間もなく、関東大震災によって多くが失われ、現存するのは十五巻十五冊にすぎません。ただ、この幻の書の概要については、渡辺大濤《わたなべだいとう》氏の『安藤昌益と自然真営道』や安永寿延《やすながとしのぶ》氏の『自然真営道』、『安藤昌益』等によって窺い知ることができます。

出自は武家らしいものの、激越の思想を抱いて町医者として生きた、一代の奇人、昌益。彼が糾弾して止まなかったのは、農民が保有する以上に米を奪っている階級の実態に反映される「聖人」の存在でした。次の引用は『統道真伝』から。

聖人は（中略）己れの手よりして一粒・一銭を出すこと無く、我物と云う。持たざる者は聖人なり。然るに何を施してか、民を仁《めぐ》むべけんや。故に笑うべきなり。民の直耕を貪り取りて、之れを以て民に施し之れを仁と曰《い》ふなれば、則ち大失の妄悪なり。又税斂《ぜいれん》を少《スクナ》くする則《とき》は民に施し、之れを以て民を仁《めぐ》むと言ふ則《なれ》ば、逆賊なり。乞食《こじき》は衆人の心施を候《まち》て之れを貪り、施しを得ざる則《とき》は餓死して盗乱せず。聖人は衆人の直耕を貪り取り、税斂《ぜいれん》を得ざるとき兵乱を起して責め取る。背《そむ》く則《とき》は罪無くして衆人を殺す。之れを仁徳の政と謂うべけんや（『統道真伝』岩波文庫 上-29頁）。

＊著者注／直耕の語は昌益の数多い造語のひとつで、他人の労働の成果を奪うことなく、自ら生産し、生活すること及びその生産物をいう。

「聖人」は主として支那及び日本の儒者聖賢、また君子と呼ばれる人々を指しています。別のところで、「私偽の法を為《つく》り、耕さず貪食、衆を誑《たぶら》かし世を迷わし転の直耕道を盗む、乱惑の根始」であるのが、「儒者聖賢」に他ならないと昌益は説きます（同上-61頁）。

＊著者注／転は普通、天の字をあてるところであるが、昌益はそこに、動き回転するとの義を付加して、天の代りに造語した。

「聖人」は自ら耕さないで、生産生活を行う農民の勤労の成果を「貪り食う」（収奪）ために、巧妙な「法」（制度）を作成し、「税斂」（租税）を得て、「寛楽」をなす者で、もし税斂を徴収できない時は、兵力を押立てて強奪し、また、徴収を拒否する者を処刑、殺戮する上に、その得た税斂を少しばかり施すことを「下民を仁《めぐ》む」と言い、「仁徳の政」と称し、慎み深い直耕の人々を誑かす「罪人」に過ぎない、と昌益は論断します。

このような昌益の批判は、伏羲《ふくぎ》・神農《しんのう》等或は孔子に始って支那の多くの聖賢から釈迦《しゃか》にも及ぶのです。と同時に、そのような聖人の所行に習う者を「賢人」というと断じ（恐らく武士をも想定しているのでしょう）、聖人の欲する「栄華」に奉仕する「工」、「商」の存在とともに乱世の要因であると指摘しました。さらに、この聖人の支配する「法」の世の中の金銭の通用ということが、万人に欲心を起こさしめた原因でもあると裁断します。「金銀銭を鋳て通用」としようとした結果、「土中は金気の堅弱く、転気は濁り易く、不正の気行われて人病み易く、定《ち》気澄み難く水湧き難く、山は崩れ易く、河は埋もれ易く、地《じ》振《しん》は汰《ユ》り易く、（中略）山には木生え難し」（同上‐47頁）といった、〝環境破壊〟を招いたことにも言及しています。＊著者注／転は天、定は地に対する昌益の造語。

総じて、昌益の思想は、「耕さず直耕の余分を貪食する者は人の臭垢《しゅうこう》を食ふ虱《しらみ》の如し。聖釈を始め凡て耕さざる者、是《かく》の如し」（同上・60頁）という峻厳さで貫かれたものでした。その論理や批判は奔流の如き憂憤の情に支えられたものであったがために、時に、疑問を抱かざるを得ない点もいくつか見られるでしょうが、古今の乱世の実相をいかに見据え、読み取るかという点では、彼が発見した視点は、今日に於いても色褪せたものではありません。むしろ、その斬新鋭利な発想に感銘を受けるのは私だけではないでしょう。

求め続けた理想の世

さて、昌益が〝聖人〟、〝法世《こしらへのよ》〟の対極として把握し、理想として描いたものは何か。それは、「自然の人」が営む「自然世《しぜんせい》」と表現されます。『統道真伝』から。

> 自然の人は直耕・直織にして、原野・田畑の人は穀を出し、山里の人は材、薪木《まき》を出し、海浜の人は諸魚を出し、薪材《しんざい》、魚塩、米穀互いに易《か》え得て、浜《はま》・山《やま》・平《の》・

里《さと》の人倫与《とも》に皆、薪・飯、菜の用、不自由なく安食・安衣す。（同上-48頁）＊著者注／直識は自ら織ることを意味するのであろう。又、安食、安衣の「安」は、恐らく、平安に、いつまでも、という意味をこめたものであろう。ともに昌益の造語である。

〝聖人〟に象徴される「不耕貪食の徒」の住んでいない、「自然の人」に支えられた「自然世」には、農耕者、杣人《そまびと》（林業に携わる人）、狩猟者、漁民と言った、天恵生産に従う人々が、他を支配しようとする意欲や魅力に憑かれない暮しをして、「老は壮年の子に養われ、壮も老いる則《とき》は其の子の壮年に養われ」、「転定《てんち》（天地）と与《とも》に行わるる」（同上-49頁）営みをしていると言います。直耕の世界の人が営む暮しが、そのまま平和を実現すると同時に、永代に循環するものであると昌益は見極めたのです。

従って、すでに気付かれるように、引用は省きますが、昌益は士農工商の〝四民の別〟を否定しています。

このような当時としては過激極りない思想を説き続けた昌益ですが、その理想とする自然世への時代については、身分の上下や違いに関わらず相応に田地を耕して衣食を賄うことを奨め、工職にも虚栄を満たすだけの無益な家や器物、他国との戦乱の元になるような大きな船など必要以上の細工をすることを禁じて、徐々にその実をあげていこうとする穏やかなものであったようです。

ただ、昌益をひとりの人間として見たとき、その人生ということに思いを馳せたときに感ずることですが、昌益が、「嘆《ああ》、慕《ねがわ》くは聖人世に出でざる則《なれ》ば、転下の万国は転定と与《とも》に直耕・直家し、直器・直作し、無益の奢賁無く、乱患無く、生死は転定と与《とも》に為《せ》んものを」（同上‐46頁）との胸衝く思いに生涯囚《とらわ》れた人であったことに共感を覚えるものの（＊著者注／万国は世界の国々を指す。昌益の造語である直耕、直家等の「直」の字は、じかに、直接にという意味を持たせるべく使用していると見られる。）、昌益没して十五年後に生まれ、生涯に六百五もの町村を救った篤農家、二宮尊徳が、

音もなく香もなくつねに天地《あめつち》は　書かざる経《けふ》を繰り返しつつ

と詠まれたような、穏やかで、広々とした安心の世界を昌益は、豊かに耕していくことができなかったのではあるまいかと思われます。少くとも、その鋭悍な論理と批判からは、人が時として天造の如くに具有する、高貴の精神や醇乎《じゅんこ》たる人格に対する自然な帰依の思いは匂って来ません。尊徳の詠じたところは、音もなく香もなく、つねに天地は書かれていない尊い経典を繰り返している、との歌意です。

おのずから心に湧き出て来て、歌を作って言寿いでみたいと願うような、人の世の風景に対する慕わしさや畏怖や敬仰といった天然の思いが、その思考や視界から零れ落ちてしまっていると思われます。このことが、昌益という人にとって、最も大きい不幸であったように感じられます。

マルクスの誤算

「農」を根本に置いた共同体のあり方に社会が進むべきひとつの理想を見たと言える昌益ですが、『資本論』を著したことで名高いカール・マルクスも農村共同体を社会再生の基盤として高く評価した思想家でした。彼は、ヴェラ・ザスーリチへの手紙の中で、次のように記しています。

> 『資本論』に示されている分析は、ロシアの共同体の生命力に関する賛否いずれの議論に対しても、その論拠を提供してはいません。しかしながら、私はこの問題について特殊研究をおこない、しかもその素材を原資料のなかに求めたのですが、その結果として、次のことを確信するようになりました。すなわち、この共同体はロシアにおける社会的再生の拠点であるが、それがそのようなものとして機能しうるためには、まずはじめに、あらゆる側面からこの共同体におそいかかっている有害な諸影響を除去すること、ついで自然発生的発展の正常な諸条件をこの共同体に確保することが必要であろう、と。（『マルクス エンゲルス全集 19巻』大月書店 237頁「ヴェラ・ザスーリチへの手紙 一八八一年三月八日」より）

この「ロシアの共同体」はロシア語で農村共同体を意味するミールのことでしょう。

マルクスはミールがロシアの社会再生の拠点として機能するためには、そこに加えられている「有害な諸影響をとりのぞき、その後に自然成長的発展の正常な諸条件をそれに確保しなければならない」と言っていますが、そのような努力を思想として説いたのが昌益でした。

また、農村共同体（ミール）の生命力に関する論拠を『資本論』は示すものではない、とマルクス自らが語っています。小室直樹《こむろなおき》氏は、『資本論』という一冊の本が生んだ巨大な人造国家が〝ソビエト帝国〟なのだと言いましたが、皮肉なことにロシアはその社会再生のために社会主義国への道を選ぶことによって、マルクスの言う「社会再生の拠点」たる農村共同体を結局は解体してしまったのです。

近代の雙子〜アメリカニズムとロシア的共産主義

翻って、資本主義国を形成した日本もまた、宮座《みやざ》や當《とう》（頭）屋《や》に象徴される農村共同体を、この百年、特にここ三十年の間にほとんど亡ぼしてしまったことは認めねばなりません。保田與重郎先生がアメリカニズムとロシア共産主義を「近代の雙子」と見抜いた慧眼は先にも紹介しましたが（147頁）、その言葉の意味するところが、ようやく今日、生活の上での実感として知られるようになりました。ここにいう近代とは、現代をも含むのです。その差異を求めるとすれば、槌田敦氏の言うように、その時代の動力源（資源）が石炭であったか、石油であったか、という点が真に唯一のものであると思われます（同氏や室田武氏達によって、原子力も核融合も石油に取って代わることのできるものではないことが詳述されています）。

博学多能のモースが見た明治初期の日本

E・S・モース著『日本その日その日』から

さて、ここで眼差しを江戸から明治へ移る端境期へと向けてみましょう。日本の農村及びそれを基盤とする町々にとって、決定的な有害な影響をもたらしたのは、文明開化に始まる近代化に他ならないと思われますが、それでは、その近代化以前の暮し、近代に移る直前の江戸時代の暮しが、事実としてどのようなものであったのかという質問に答えてくれる書物は案外に少なく、ここに紹介しようとする『日本その日その日』は、その中でも最も重要なもののひとつです。

著者である米国人、E・S・モースは、明治十二年と十五年の二度に亘って来日しました。大森貝塚の発見者として知られるモースは、日本考古学研究の端緒を開いたと同時に、動物学、進化論等を東京帝国大学で講義したように、非常に博学多能の人でした。『日本その日その日』の中で多数（総数は七百七十七を数えます）挿入されている写生図は実に巧みなもので、その多才さの一面を楽しく窺わせてくれます。たとえ、昌益が批判した江戸時代の悪い影響が残っているとしても（その有害な諸影響をこの書からは殆んど読みとることはできませんが）、現代文明が瓦解してゆく日に、改めて三、四代前の私達の祖先が営んでいた暮しを眺めることは、将来の展望に対して、ひとつの敢然たる、希望ある決意の灯を心に点してくれるのではないでしょうか。

この書の価値については、いくつか挙げ得るでしょうが、まず、その概容について、モースは〝緒言〟の中で次のように語っています。

私の備忘録や写生図の大部分は田舎に於てなされた。私が旅行した地域の範囲は、北緯四十一度に近い蝦夷《えぞ》の西岸オタルナイから三十一度の薩摩の南端に至るといえば大略の見当はつくであろう。これを私は主として陸路、人力車並《ならび》に馬によった。私の記録や写生図の大部分は一千年前につくられた記録と同じであろう。事実、この図は『土佐日記』（エーストン訳）の抄本が、私が毎日書いていた所のものによく似た光景や状態を描いている程、変化していなかったのである。（『日本その日その日』東洋文庫 1- 諸言21頁）

以下に、江戸時代の暮しと文明を伝える部分を引用しながら、現代の諸問題について考えてみたいと思います。

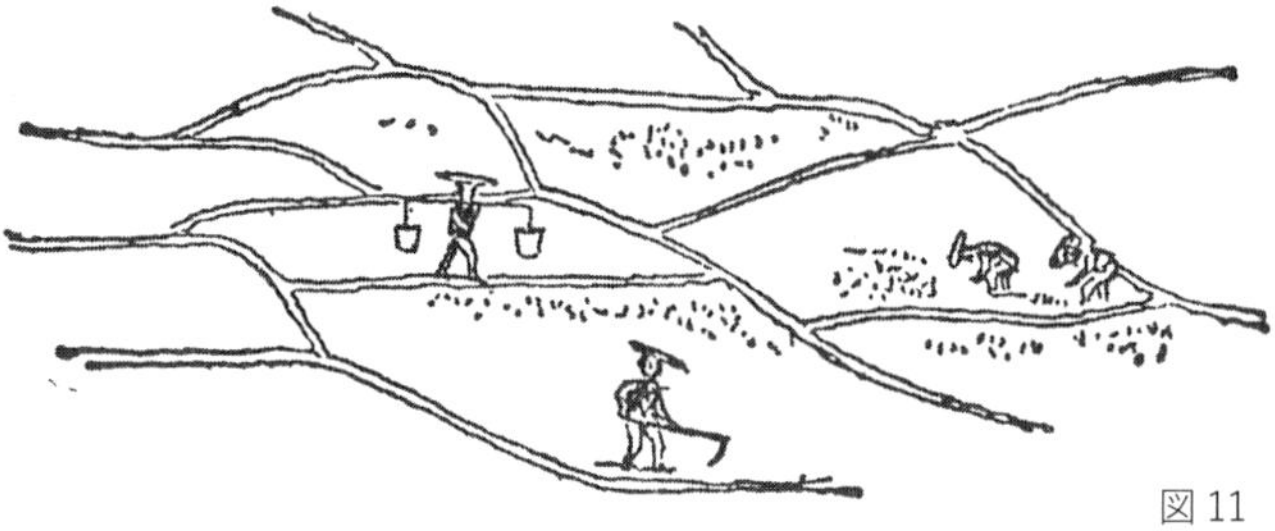

図 11

家族総出で田の仕事をする人々

図11（図版番号は原著の通り。以下同じ）を示して、「草の芽のように小さい稲の草は、一々人の手によって植えられねばならぬので、これは如何にも信じ難い仕事みたいであるが而も一家族をあげてことごとく、老婆も子供も一緒になってやるのである。小さい子供達は赤坊を背中に負って見物人として田の畔にいるらしく見える」（同1‐11頁）と記しています。このような記事からは、〝水田耕作の労働は、家族全員がその能力に応じて携わることのできる、手仕事の世界〟であることが窺われます。また、「穀物その他の植物の畝《うね》が、地形図の等高線と全く同様に、丘をめぐって水平線に並んでいるのに気がついたが、これは雨が土壌を掘り出すのを防ぐ為で、我国の農夫も真似をしたら利益が多いで

図 187

あろう」（同 2-82頁）と述べている〝棚田にしろ、平地の田圃にしろ、長い長い時間をかけた手作りのものであった〟ことも知られます。

このような家族皆が何らかのかたちで生産に関っている暮しを見る限り、村は〝全員耕作〟の世界であったと考えられます。

街を歩く野生の鹿に教えられる

図187を示して、「車にとりつけた大きな筵《むしろ》の日除けは、牛に日があたらぬようにするものである。足も藁の草履をしばりつけて保護する。これによって、我々はかかる仏教の異教徒が、如何に獣類を可愛がるかに気がつき、そしてこれ等の動物が、カソリック教国のスペインで、どんな風に取扱わ

れているかを思い出さぬ訳に行かぬ」（同1-207頁）と記して、〝害獣とさえ共存し得た暮し〟であったことが窺えます。

鹿が自然の森林から出て来て、優しい目つきで我々を見た。その一匹は、我々の部屋の前のかこいの中にまで入って来て、西瓜の皮を私の手から食った。私は、これ等の鹿は一定の場所に閉じ込められ、餌馴されているのだろうと考えたが、数時間後町を歩いていると、そこにも彼等はいて、そして私は、彼等が幽閉されているのでもなければ、公園にいる標本でもなくて、山から下りて来たのであることを知った。換言すれば、彼等は一度も不親切に取扱われたことの無い、野生の鹿なのである。（同3-99頁）

害獣に対して、完全保護か、徹底駆除か、といった野蛮な発想を祖先達は持ちませんでした。恐らく、このような態度は害虫に対してでも似たものであったでしょう。今日の動物保護運動は、一過性の愛情や一時的の思いつきに流されてはいないでしょうか。

運動家達では到底守り得ないであろう、動物の種の保存が、山村の暮しの中で、山林を手づから守りながらも自然に行われていたのではないかと思われます。また、鹿や牛は、時に神々の乗りたまうものでありました。

図 587

鎮守の森が守ってきた風景と水

熊本での研究旅行中に、「昨日大野村からの帰りに、我々は美事な老樹の前を通ったが、その後には神社があった。日本中いたる所、景色のいい場所や、何か興味の深い天然物のある場所に、神社が建ててあるのは面白いことである。図５８７はこの習慣を示している。樹木の形が変っていて面白いので、その後に神社を建てたのである。ここでは、人々の宗教的義務に注意を引く可く天然を利用し、我国では美しい景色が、肝臓病の薬の大きな看板でかくされるか、或はその他の野蛮な広告によって、無茶苦茶にされる」（同3-12頁）とユーモアあふれる一文を認めています。

この記事と対照してみたいのは、「日光への旅」の中で、延々と続く街道の杉並木が途中で切れていると、そこには必ず若木が植えられ、しかも注意深く支柱が立てられていることと、伐採予定の木は必ず密集した場所のものが選ばれていることを知って、モースが、「人家を数マイルも離れた所に於て、かかる念入りな注意が払われているのは最も完全な保護が行われていることを意味する。何世紀に亘ってこの帝国では、伐木の跡には必ず代りの木を植えるということが法律になっていた。そしてこれは人民によって実行されて来た」（同1-53頁）と感嘆していることが、江戸時代の富の蓄積と風景の永遠性を生み出してきました。

田畑を開き、道をつけるということは当然、そこに存在する植物生態等を破壊してしまう一面を有したでしょうが、前者のような方法で鎮守の森を残すことによって、その土地土地固有の植生を未来に遺し、同時にそこには動植物の種が豊かに温存されてきたことは、植物生態学者の宮脇昭《みやわきあきら》氏が『生きものの条件』等の著書の中で語られているところです。

さらに、そのような植生保存の営みが、農の暮しとともに、代々受継がれてきたものであることも指摘されます。

この植生の保存が、造林の場合でも細心緻密に行われ、しかも、代々久しく手入れを怠らなかったお陰で、今の代の我々も大量の水を得ることができるのであり、実は、高度工業社会の出現も豊かな水（石油ではなく）の利用が可能であったことによると、室田武氏の『エネルギーとエントロピーの経済学』等で指摘されているところです。〝森林のお陰〟ということについて、富山和子《とみやまかずこ》氏の『水の文化史』に感銘深い一節があります。

> あなたは、昼なお暗い森林に踏み入って、足もとをぬらした経験をお持ちだろう。それである。森林の土壌は落葉が堆積した土で、降水を受け入れるスポンジの役目をする。その水は地下に浸透して地下水になり、ゆっくりゆっくりと地下を移動して、やがて地表に湧き出てくる。（略）地下水の流れは非常に遅く、浅い地下水で

も一日一メートルの速度であり、降水が地下に浸透してから再び地表へ湧き出てくるその周期は、三百年、五百年と見られている。それゆえ私たちの使う水には、江戸時代の水も混っている。（『水の文化史』文藝春秋 113頁）

みんなが働き、みんなで作る

「函館及び東京への帰還」に次の一節があります。

少数の老衰した男女や、小さな子供は見受けられたが、他の人々は、いずれも田畑で働くか、あるいは家の中で忙しくしていた。これはこの国民が、如何に一般的に勤勉であるかを、示している。人々は一人残らず働き、みんな貧乏しているように見えるが、窮民はいない。我国では、大工場で行われる多くの産業が、ここでは家庭で行われる。我々が工場で大規模に行うことを、彼等は住宅内でやるので、村を通り抜ける人は、紡績、機織、植物蝋の製造、その他の多くが行われているのを

見る。これ等は家族の全員、赤坊時代を過ぎた子供から、盲の老翁、老婆に至る迄が行う。（同 2-195頁）

村の中では、それぞれの家庭が生産や生活に必要な道具や物資を作り出す町工場の役目をも果たしていたことが窺われます。村人達は日々の食糧をほとんど自給しており、道具や調度も自足し得る、ひとつの有機的生活圏として村を営んでいたと見られます。ここでは、恐らく職業を分化する必要が無かったようです。所謂、権力に奉仕するかたちでの専業的、あるいは大規模な〝工〟、〝商〟の発達は、天道のまにまに生きていく人々の暮らしを損うことはあっても、真に豊かな精神や信仰をはぐくみ育てるものではなかったのではないでしょうか。昌益の批判のひとつは、この点にも向けられていました。

親から子へ、兄から弟へ、姉から妹へ

しかし、このようなささやかな町工場の中から、米国で使用される弾薬筒製造のため

の植物蠟を輸出していました。民衆の暮しの中でつつましく、大切に使われていた道具について、民俗学者の宮本常一《みやもとつねいち》氏は民衆が暮らしの中で紡いできた有形の文化を軟質文化と硬質文化に分ける見方を示しながら、著書の中で、次のように語っています。

> 私はこのような民衆の作り出す有形文化を軟質文化と硬質文化に分けている。軟質文化というのはその制作にあたってほとんど刃物を使用せず、手足によって作り出していくものをいう。土・茎皮繊維・竹などを素材として作られるもので、これはだれでも練習すれば作り方を身につけることができる。親から子へ、兄から弟へ、姉から妹へ、友達から友達へと技術を伝えることのできるもので、その制作は主として家族内で行った。日本の民衆の家庭は軟質文化の工場でもあり、家庭はそういうものを製作することによって成り立っていたともいえる。
>
> 　これに対して硬質文化は主として刃物を利用して製作するもので、素材としては木材・石・金属などがある。その制作技術は素人でも可能ではあるが、よりよいものを作ろうとすれば玄人の力を要求される。いわゆる職人によって制作されるもの

であり、このほうは商品として取り扱われる性格を持っている。もとより、軟質文化の中にも商品化されていったものは少なくなく、日本の文化は自給度の高い軟質文化を中心にして発達してきたことを知る。そしてそれは大正期以前の日本の文化を理解する上で重要な鍵になるものであり、西欧の工業文明が浸透するまでの日本文化の特質は、民衆による軟質文化が主体になっていたといっていい。（『絵巻物に見る日本庶民生活誌』中公新書 124頁）

近代の不幸のひとつは、この親から子へ、安心して伝えてやることのできる暮しや精神を喪失したことでしょう。この点で、今日行われているような近代教育が、豊かにたくましく太っていく精神を育て得ないのではないかと、内心深く危惧してきました。その基底に、永々不易の暮しに対する愛惜がないからです。道徳律の如き観念的思惟を必要としない方が、むしろ、幸いなのではあるまいかと思います。我々の祖先は、意識という病癖を持たずに、生涯不善をなさない暮しを営んでいたようです。

嵯峨天皇の弘仁十三年（八二二）以来、三百四十七年もの長きに亘って、絶えて死刑が行われなかったという、平穏の時代を招来し得る暮しが農村のものでした。

〝ごみ〟も巡って肥料になる

江戸から東京と名を変えて間もない頃の〝都会〟の生活の中でもモースらしい繊細な観察力を発揮しています。

　東京の死亡率が、ボストンのそれよりもすくないということを知って驚いた私は、（略）これは、すべての排出物質が都市から人の手によって運び出され、そして彼等の農園や水田に肥料として利用されることに原因するのかも知れない。（略）日本ではこれを大切に保存し、そして土壌を富ます役に立てる。東京のように大きな都会で、この労役が数百人の、それぞれ定った道筋を持つ人々によって遂行されているとは信用出来ぬような気がする。（同1-22頁）

明治初年の東京には当然、江戸時代の慣行が生きているわけですが、このように、汚物を農村へ運び出していく代りに、農民は野菜等をお礼に置いて行きました。したがって、町の人々は、自分達の排泄物にも関心を持って、田畑に撒かれることを知っていました。今日のような、水洗便所を設けるが如き〝たれ流し〟の行為はなされませんでした。

モースは別の箇所で、「田舎の村と都会とを問わず、富んだ家も貧しい家も、決して台所の屑物やガラクタ等で見っともなくされていないことを思うと、うそみたいである」（同1-38頁）と感心しつつ、故国の〝空罐渓谷〟（ごみ捨て場と化した路地）のことを思い出しています。路上を通る役畜の排泄物についても、それを掃き清めている老人達のいることをモースは目撃しています。

今日、土に返すことのできない〝ごみ〟が、文字通り〝山積〟にされています。地域エゴが問題にされることも多いです。都会の天を衝くばかりのビルもすべて、やがては〝ごみ〟であると言われたのは『工業社会の崩壊』の著者、槌《つち》田《だ》劭《たかし》氏でした。海もまた、陸と同様に、生態活動の世界なのですから、土に返し得ないものを放棄する場所ではなかったとの認識が、もう一般のものとなったでしょうか。槌田敦、劭両氏の言われるように、工業製品という名の廃物をつくり出すことによって、つかの間の繁栄に酔っているのが我々ではないか、との指摘は、今日の我々の身のまわりを静かに反省して眺める時の大切な視点のひとつです。

大鷲が人を怖れない

モースは、美術館の館長を勤めるほどの審美眼にたけた人でもあります。木や竹や石といった自然物を素材にして、日本の家並を、ひいては村や町の全体の景観を美しくしている風習を大層誉めています。「播磨の国の海にそった街道」での実見から。

　我々はどこかの神社へ向う巡礼の一群に追いついた。（略）と、突然海から、大きな鷲が、力強く翼を打ちふって、路の真上の樫の木の低い枝にとまった。羽根を乱した儘で、鷲は喧《やかま》しい群衆が近づいて来るのを、すこしも恐れぬらしく、その枝で休息するべく落着いた。西洋人だったら、どんなに鉄砲をほしがったであろう！

巡礼達が大急ぎで巻いた紙と筆とを取り出し、あちらこちらから手早く鷲を写生した有様は、見ても気持ちよかった。（同1-223頁）

もしも、江戸時代が暗い悲しみに疲弊した民衆をつくり出したのであれば、植込みや生垣や庭に対する細やかな心配りを始め、このような創造性への志向も恐らく生まれなかったでしょう。農山漁村の生活は、精神の世界を磨耗するものでは決してなく、むしろ、モースのスケッチからは、日本の風景の豊かさ、そこに息づいている民衆の心のゆとりを見ずにはおれません。

子供達の自由が許されている

旺盛な好奇心に満ちたモースの観察は、民衆の生活の隅々にまで行き届いたものでしたが、東京での芝居見物の感想として、「日本では、子供達はどこへでも行き、何でも見ることを許されている。その権利を決して悪用しないらしく見えるからである」（同

1-223頁）と語り、更に次のように指摘しています。

いろいろな事柄の中で外国人の筆者達が残らず一致する事がある。それは日本が子供達の天国だということである。この国の子供達は親切に取扱われるばかりでなく、他のいずれの国の子供達よりも多くの自由を持ち、その自由を濫用することはより少く、気持のよい経験の、より多くの変化を持っている。（同1-37頁）

宮本常一氏は前出の著書の中で「モースのこの指摘は正しかったと思う」（42頁）と言い、続けて『北野天神縁起』の巻一、巻二の絵に描かれた子供の遊びの様子を紹介して、「時には追い払われることもあったであろうが、子供の行動はとがめだてされることが少なかった」と記しています。

家庭、学校、遊びや生きがいといったものが、今日のように分断されていることを私は哀れに感じます。あれこれの殺伐たる事件を分析して、方策を立てようとする努力は貴重であると思うものの、暮しが即ち、労働であり、生きがいあるものであったとすれば、その体力に応じて家族とともに働きつつ、親達の手振《てぶ》りを習い、身につけることによって、また、ひとつの生涯を平らかに送り得るものであったとすれば、この安らかな世界を私は何よりも、子孫達のために尊び、守りたいと思います。

錠も鍵も閂《かんぬき》もない

『日本その日その日』の紹介の最後として、江戸時代に生まれた人々が醸していた〝心の風景〟について、二、三引いて置きます。

モースは二度目の来日を終え、明治十六年の冬に帰国して行きましたが、その船中で、コンナー船長の談話を記しています。

> 下関海峡を通過すると、コンナー船長は、岩の多い、切り立った島を指して見せ、十一年前、彼と彼の夫人とが、この島で難破した船にのっていたと語った。海は

穏（原文ママ）だったが、非常な暗夜だった。遭難火箭を打ち上げると、間もなく漁夫が、何事にでも手伝うつもりで、本土のあちらこちらから漕ぎ寄せて来た。船客の所有物は舷ごしにこれ等の救助者に手渡され、救助者達は闇の中に消えて行った。翌朝日本政府の汽船が横に来て、船客と船員とをのせ、遭難現場から百四十マイル離れた長崎へ行って彼等を上陸させた。船客達は彼等の衣服全部その他を含む荷物を、如何にして取り戻すかに就て、いく分不安の念を抱いたが、船の士官は、政府が海沿いの往還に、これ等の荷物をとどける可き場所を書いた告示を出しさえすれば、それ等はすべてまとめられ、そして送られるに違いないと、丁寧にいった。数日以後、カフス釦からよごれた襟に至るまでの、すべての品が長崎へ送られ、紛失品は只の一つもなかった。コンナー船長は、微苦笑を浮かべながら、数年前、彼等夫婦が十一月、ニュー・ジャージーの海岸で難船した話をつけ加えた。その時は非常に寒かった。彼等が受けた苛酷な取扱に関しては、彼等があらゆる物を盗まれたことを書く以外、何もいう必要はない。（同3-226頁）

モースは、また、「未だかつて、日本中の如何なる襖にも、閂も鍵も見たことが無い事実からして、この国民が如何に正直であるかを理解した」（同3‐91頁）とも記しています。渡辺《わたなべ》昇一《しょういち》氏が、『歴史の読み方』等で、東京の治安が世界の諸都市とは比較にならない程、素晴らしいものであると誇らかに述べておられますが、この犯罪が少く、治安がいいということは、少くとも、江戸時代を通じて、江戸町民、及び農村部から流入して来た人々が培ってきた〝心の正直〟が、今もなお、かすかに息づいているからなのではないでしょうか。

ところで、玉城《たまき》哲《あきら》氏は逆に、農地解放によって、かつては何をさて措いてもその村の〝富〟の保持を考えてきた〝老農〟、〝豪農〟の存在を失った結果、小地主化した農民達が都市市民と同じ個人の利益追求に走り出したことを『稲作文化と日本人』の中で、自らの調査体験を踏まえて精密に描かれています。さらに、「巨大都市は、部落の規範から出てしまったもと農民たちが、ほとんど何の抑制もなしに、むきだしのエゴイズムをぶつけあう社会となってしまった」（『稲作文化と日本人』現代評論社198頁）ことが、東京の住みにくさの一つの原因ではないかと、良心的発言をされています。

日本人が生まれながらにして持っているらしいこと

さて、モースの感心した〝正直〟という、明治初期の人々が身に蓄えていた特性が、所謂、近代的教育の成果ではなく、その暮しがそのまま、正直という人性を生み、育てていたものであったと知らされます。また、明治十五年七月に起きた壬午の変直後の民衆の姿を伝えています。

　朝鮮で恐るべき暴動が起り、数名の日本人が虐殺されてから、まだ一月にならぬ。日本の新聞がこの報道を受けた時、私は京都にいたが、この事件に関する興奮は、私に、南北戦争が勃発した後の数日を連想させた。大阪は兵士三連隊を徴募し、百万ドルを醵金することになり、北西海岸はるか遠くに位置する新潟は、兵士半個連隊を徴募し、十万ドルを寄附することになった。私は以下に述べる出来ごとの真価が、充分了解される為に、かかる詳細をかかげるのである。

　国中が朝鮮の高圧手段に憤慨し、日本の軍隊が鎮南浦まで退却することを余儀なくされた最中に、私は京都へ行く途中、二人の朝鮮人と同じ汽車に乗り合わした。私も、朝鮮人はめったに見たことが無いが、車室内の日本人達は、彼等がこの二人を凝視した有様から察すると、一度も朝鮮人を見たことが無いらしい。二人は大阪で下車した。私も、切符を犠牲に供して二人の後を追った。彼等は護衛を連れていず、巡査さえも一緒にいなかったが、事実護衛の必要は無かった。彼等の目立ちやすい白い服装や、奇妙な馬の毛の帽子や、靴やその他すべてが、私にとって珍しいと同様、日本人にも珍しいので、群衆が彼等を取りまいた。私は、あるいは敵意を含む身振か、嘲弄するような言葉かを発見することが出来るかと思って、草臥《くたび》れて了うまで彼等の後をつけた。だが日本人は、この二人が、彼等の故国に於て行われつつある暴行に、まるで無関係であることを理解せぬ程莫迦《ばか》ではなく、彼等は平素の通りの礼儀正しさを以て扱われた。自然私は、我国に於る戦の最中に、北方人が南方でどんな風に取扱われたかを思い浮べ、又しても私自身に、どっちの国民の方がより高く文明的であるかを訊ねるのであった。（同3-104頁）

正直や道義という精神の育成をあれこれと立案したり、計画するまでもなく、百年前の我国では、都《と》鄙《ひ》を問わず、それは、生き生きとした人の世の風景として、そこここに備わったものであったようです。

「外国人は日本に数ケ月いた上で、（略）日本人にすべてを教える気でいたのであるが、驚くことには、また残念ながら、自分の国で人道の名に於て道徳的教訓の重荷になっている善徳や品性を、日本人は生れながらに持っているらしいこと」に気づき始める、と「我国（米国）社交界の最上級に属する人の言葉をかり」つつ、「周囲の清潔、自然及びすべての自然物に対する愛、あっさりして魅力に富む芸術」等の事柄を挙げています。（同1‐40頁）

どうやら、暮しが正直で慎しいものであることが、道義や文明の根底となるであろうことを書き遺して、モース先生は日本を去って行ったようです。

「近代」を見つめ直す

米づくりと鉄づくりは交換できるのか

江戸時代後期の農村人口は、国全体の凡そ八五％であったと、今日、学説上信じられています。この八五％の人々が生産した米の四割乃至五割で、士・工・商といった一五％の人々がほとんど飢えることなく暮し得ました。しかし、この一五％の中にいる耕作をしない人々の存在に、世の中の乱れる原因を見たのが昌益でした。

翻って今日、『日本国勢図会』によれば、昭和五十年の時点で、農業に従事する人口が全体の一二・六％になっています。江戸時代の農村人口は、農の労働に何らかのかたちで従事していた老、幼を含むものであるに対して、今日のそれは、正しく農業従事者のみを指すものですから、恐らく一〇％を切っていると思われます。昌益が今日のこの数字を見れば、国家は亡んだと信じて疑わないでしょうが、しかし、これには今日流の反論があるかも知れません。

米や麦といった農作物を自ら生産しなくなった代りに、例えば、鉄やアルミによって工業製品を生産しているではないか、と。果して、米作りと製鉄とを共に〝生産〟の語で包括してしまってよいのか、どうか。この問題をとり上げているのが、『石油と原子力に未来はあるか―資源物理学の考え方』を著した槌田敦氏であり、『エネルギーとエントロピーの経済学』を著した室田武氏です。

稲は稲を生むが、鉄は……

稲を〝作る〟というのは、我々の労働の側から見て言っているのであって、稲の側から言えば、稲が稲を生むと表現され得ます。このように視点を変えて考えるならば、稲の種が成長して、やがてその四百倍から五百倍の稲の種を生む過程で、人々はその多産、安産のために、田をつくり、田植えをし、草取り等をし、さらには雨風の時順を祈りつつ、〝手助け〟するのであると言えます。これが、米（稲）を生産することの内容であり、翌年の播種に必要な量以外は、貯蔵・運搬といった行為を含めて〝消費〟することができるという点で、更新性（循環性）あるものと見られます。

ところが、例えば、鉄は鉄鉱石を生まないことが経験的に明らかであると指摘されます。労働の側から言えば、鉄は鉄鉱石から、水と空気と石油石炭等とを投入して、取り出されるのでしょう。今日の文明を支えている石油も、鉄の場合と同様の視点に立って眺められ、例えば、それが燃焼した時、石油を構成していた成分、要素が拡散していき、最終的に再び、地中に蓄えられていないことが報告されています。したがって、鉄を生産することは、言わば、その母体である鉄鉱石を確実に、大量に死なしめていくとの点で、更新性を持たないものです。

近代工業における〝大量生産〟の生産の語と水田農における〝天恵生産〟の生産の語とは、峻別されなければならないことを槌田敦、室田武氏に教わります。

進歩主義の進歩とは?

さて、この高度工業社会を支えている、鉄や石油といった資源から製品を取り出す技術の体系（資源の更新性なき生産様式）に、労働として或いは暮しとして従属しているというのが、今日の我々のほとんど全ての者の営みなのです。そして、この体系をより一層高度の文明の基礎を築くものと認めるのが、進歩主義という考え方なのでしょう。

我国では、米は辛うじて国民の需要を満たしているらしいものの、麦類豆類をはじめ自給されている農産物は今日に至って激減しています。しかし、自給できていないからと言っても、一般の食卓の豪華さは、江戸時代の大名などでも足下にも及ぶものではありません。

米国の大農が、大地を破壊しながら我国の非自給農産物の生産に携っているように、他方、木材類の輸出国では、大量に木を伐っていますが、それは本当に余裕があってのことなのでしょうか。木材の輸入量では、日本は世界一です。このような、何もかも輸入すれば事足りるという行為が、回り回って、難民に象徴されるアジア、アフリカの窮乏を促しているのではないでしょうか。

工業製品は交換されなければならない——進歩主義を疑わない人にとってそれはある意味自明のことです。衣食住という本来、自国のつつましい天恵生産に支えられていることが望ましいものであっても、自給自足できる量をはるかに超えて、より大量、より華美に確保するために、便利さや快適さをどこまでも追求して止まない我々のために、我々の工業社会は、より大量に、より速やかに工業製品とその他のものとを交換する体制や機構を必要とすることになります。交換の相手が、拒否しようとしても出来ないようにしてしまおうという、狡猾さと残忍さをその性格の内に秘めながら。かつては、植民地主義が、この性格を露骨にあらわしました。

植民地主義と苦闘してきた近代のアジア

日本が経済成長を目指して突き進んでいた六十年代から七十年代にかけて、アジアの貧困地域を訪れその実情を目のあたりにしてきた教育学者の津田《つだ》元一郎《げんいちろう》氏は著書の中に次の印象深い一節を残しています。

　西欧の進歩史観は、人類が奴隷社会から民主主義社会へと限りない前進をつづけてきたと説く。しかし、もし、われわれがインドの貧困に注目し、まさに現代世界のただ中に奴隷以下の社会が存在しつづけていることを知ったならば、奴隷社会は克服されたのではなく、西欧社会からただ、アジアへ輸出され、吐き出されただけであることを悟るにちがいない。人類が奴隷社会から民主主義社会へと進歩したのではなく、西欧がアジアに奴隷社会を創出することによって、自己のみの繁栄と民主主義をつくりあげただけである。そのとき、われわれは進歩主義史観はひとりよがりの詭弁にすぎず、インドがその史観を拒否してゐる理由を充分に理解するにちがいない。西欧キリスト者は植民地支配機構のメカニズムによって、貧しき非キリスト者たるインド大衆を徹底的に収奪し、徹底的な貧しさに陥れながら、空虚な愛の説教を反復してきたにすぎない。キリスト者西欧は、『ルカ伝』一六・一九―三一の富める者とラザロとの譬を完全に忘却し、富める西欧の繁栄のためにひたすら英語教育の普及と拝欧主義のための洗脳と偽善的愛の布教に献身してきた。バートランド・ラッセルは、『なぜ私はキリスト者でないか』の中で、何よりも、キリスト者がキリストの教へを守らない偽善をその理由のひとつにあげている。（『インドの心』日本評論社 263頁）

津田氏には、他に『アフガニスタンとイラン—人とこころ—』や『日本的発想の限界』等の著書もあり、東洋の諸民族が直面している諸問題—貧困、飢餓、紛争等々について地道な踏査を発表されています。今、引用した『インドの心』の中で、さらに、「西欧のためにゴムやココナツ油を産し、宗主国民の嗜好する茶や香辛料を産」することを強制するプランテーションは、ケーララ州の住民の食糧自給を許さず、インド全州の中で最も貧しい地域に陥れたという「植民地経済の典型的帰結」が、独立後も西欧資本家の手からインド資本家の手によって、現在に持ち越されていると、具体的に指摘されているくだりは、実に深刻に、悲惨に「植民地主義」のしくみを語っています。

西欧植民地主義者によって、骨までしゃぶられた〝近代〟のアジアの諸国が、どれ程大きい犠牲を払って、その桎梏から独立を獲得せねばならなかったかを我々、特に戦後世代の者が知ろうと努力しなければならない時に至っています。田中正明《たなかまさあき》氏の『雷帝、東方より来たる』は、中国、ベトナム、フィリピン、ビルマ、インドネシア、インドの呻吟苦闘の独立史として、最も感動的なものの一つです。その各篇いづれをも、私は胸衝かるる思いに堪えて拝読しましたが、インド篇に至って、スバス・チャンドラ・ボースの「チエロ・デリー！　チエロ・デリー！」との叫びを胸に聞いた時、遂に慟哭しました。

二つの潮流〜アジアとの共感共存の道か脱亜入欧か

アジアにある日本の近代史も、ひたひたと押し寄せてくる西欧植民地主義者の侵略から、いかにして自存への道を確保するかという苦しみに満ちたものではなかったでしょうか。しかし、そこには大きく、二つの潮流があったと考えられます。一つは、アジアへの共感を堅持しようとしたものであり、一つは和魂洋才といった、相対的愛国主義は認められねばならないでしょうが、脱亜入欧や拝欧主義という言葉に象徴される方向でした。

大東亜戦争を経て、アジア・アフリカは解放の時代を迎え、多くの国々は植民地主義者を追放し、久しく待ち望んだ独立を達成し得ましたが、植民地主義に支えられていた〝近代文明〟は亡ぶどころか、より激しい高度工業社会を実現し、道義を忘れてしまったかの大消費社会を作りあげてしまいました。

資源物理学の槌田敦氏が指摘するように、石油という石炭より遥かに勝れた資源を加速度的に投入することによって、飛躍的技術革新を実現した結果、工業製品は、より多様に、より大量に製造されてきました。そこで形成された工業社会は、第一次産業に従事していた人々を急激に、しかも大量に吸収してきましたから、放って置けば、当然、第一次産業の産物は我々の暮しの中から次第にその姿を消して行きそうなものですが、現実は逆に、一層豊富に消費されてきました。農業の場合は、石油のお陰で、機械化、化学肥料の投入、温室栽培等の方法によって、不足した労働分を補っている部分もありますが、そのような石油漬けの農法は、結局、塩類集積や有機物の喪失によって、土を劣化して行くものであると薄《うす》井《い》清《きよし》著『土は呼吸する』等に報告されており、生きた土（表土）の養分（生命）を収奪する方法であると指弾されています。

農林水産物や畜産物を我々、先進国側が大量に消費して行くという趨勢と平行して、貧困に喘ぎ、飢えに泣く人々が、急激に増大して行っているのはなぜでしょうか。二十一世紀にはこのような飢餓人口が、現在の六億人から十三億人へと増加するとの米政府の報告書は一体、何を意味するものなのでしょうか。

自由貿易、経済競争、低開発国援助、等々の「裏」は、植民地主義の発想に塗り潰された〝不耕貪食〟の支配欲なのではないでしょうか。

かつては、植民地主義者が、その絶対的武力制圧下に、直接、その土地から欲しいものをほしいままに収奪しましたが、今日の工業社会の住人は、〝製品〟と〝技術〟とを介在せしめて、より巧妙に、手際よく収奪（交換？・少なくとも等価交換ではあり得ない）に、奔走しています。

後進国（何らかの意味で犠牲に供される側）を絶対的に必要とするのが、この〝近代文明〟の本性なのではないでしょうか。

今日、我々工業社会の住人が営む文明を〝現代文明〟と呼ぶのであれば、これは、近代文明という悪魔の落子であることを忘れ去ることはできません。

その証拠は、石油と原子力発電に見出されます。

現代文明を象徴する石油と原子力発電

更新性なき資源を大量に使うことへの疑問

繰り返すように、石油は一旦、〝技術〟を通過したら、再び、もとの原油の状態として地中に蓄えられていないと報告されます。工業社会の動力源として石油は、使っていけば、やがて、枯渇するであろうと言われます。問題は、いつ枯渇するのかということになりそうですが、その時期が不明というのが真相のようです。ただ、『西暦２０００年の地球』（二十一世紀の環境予測）の中で、米政府は、西暦一九九〇年代には、原油産出量のピークを迎え、やがて下降していかざるを得ないと報じています。むしろ、今後、大量に石油を消費していくことによって発生する、より深刻な大気汚染、炭酸ガス濃度の上昇による異常気象といった、廃物、廃熱や土の死の中に、その死を迎えるであろうとも言われます。わが宇治田一也先生は『西暦２０００年の地球』を〝亡びの時刻表〟と読みとられました。

石油枯渇が、五十年後か百年後か現在、予測がたたないとしても、今日の我々及びその子や孫が、その更新性なき資源を大量に使用するということは、いつかその〝恩恵〟を遠き子孫から奪っているに他ならないとの点で、全く、刹那主義、利己主義であると槌田劭氏は語られました。

原子力がもたらす負の遺産

さらに、このような傾向の極点に据えられているのが、〝原子力発電〟ではないでしょうか。『原子力の経済学』で室田武氏は、次のように指摘します。

原子力発電所で使われている核燃料の多くは、三パーセント濃縮ウランといわれるものであるが、この核燃料一トンからおよそ二〇キログラムの死の灰と、約七キログラムのプルトニウム２３９が生成される。

ところで、プルトニウム２３９の粉末をつくって、これを口や鼻を通じて均等に人びとの体内に摂取されるやうにしてやると、耳かき一杯分で一〇〇万人の人を殺すことが可能である。したがって、七キログラムといはなくても、新幹線程度の列車を動かすのに十分な小型原子炉で生成される量のプルトニウム２３９であっても、何百人もの人を殺す潜在能力をもっているわけである。これに加えて、死の灰のもつ殺人効果も考えねばならない。（新版『原子力の経済学』日本評論社 50頁）

「広島型原爆で、一〇〇〇発分の死の灰」が、一〇〇万キロワット原子力発電所で、毎年こしらえられていると『エネルギー―未来への透視図』で槌田敦氏は述べています。米政府の報告でも、この使用済み核燃料（死の灰）の全てが、「事故を起こすことなしに、安全に貯蔵され、かつ処分されるということは、いまだに証明されていない」と報告されています。このような死の灰を、たとえ低濃度のものとはいえ、〝弱き低開発国〟の近海に投棄するという立案と計画が、今なお実行されようとしているのを聞きますが、人が人である最後の一線たる〝霊性〟を捨てる暴挙に他ならず、南太平洋の海の幸に生きる人々から、幾千年、幾万年にも亘って怨まれることになるでしょう。

ここにも、〝大東亜戦争の時代〟におけると同様、アジアへの共感をもつアジアなる日本の立場を採るのか、米国に追従する文明を保守してアジアを見捨てる道を選ぶのか、という己自身の反省と覚悟が問題となるのではないでしょうか。

少くとも、我々の子々孫々は、現在の原子力発電所において排出される、膨大な量の死の灰、使用済燃料、三十年以内に運転を終了すると言われる発電所の放射能汚染部の全てを、何万年という、気の遠くなる年月の期間、絶対に怠ることなく、手を抜くことなく管理に従事しなければならないとも指摘されています。その半永久的保管に必要な石油の確保については、現代の我々は全く何も準備してやっていません。むしろ、そのような未来への思いやりを切って捨てたところに今日の〝肥満的豊かさ〟が現出したのではないでしょうか。

かつて、我々の祖先達は、更新性、循環性ある資源（五穀、水資源等々）で生計をたてつつ、更新性なき資源を極く慎ましいかたちで（村の鍛冶屋のような）丁寧に使って行く道を久しき代々承け継いできましたけれども、今日の我々は、子々孫々の受くべき〝富〟をも食いつぶしつつあると言わねばなりません。

つまり、かつては、植民地をアジア、アフリカ、アメリカにもとめたが、我々は、その上さらに、無窮なるべき〝未来〟に植民地をもとめ、未来の住民が怨嗟の叫びをあげないのをよしとして、蓄積されつつ手渡されねばならない〝富〟を貪っているのです。今日が未曽有の乱世であるとは、実にこの点にも明らかではないでしょうか。

便利さや快適さに魂を奪われた、自ら足ろうという限界のない我々の暮しそのものが、罪の世界を未来に、深く大きく形成しつつあるのではないでしょうか。

同時に、その道を行けば、人類の生存基盤の崩壊でもあることが、二十一世紀への予測、『西暦２０００年の地球』の真の読み方でしょう。

戦争と不可分の近代文明

批評家の小室直樹氏は、『ソビエト帝国の崩壊』、『アメリカの逆襲』、『新戦争論』等々を著され、該博なる研究成果とユニークな論理によって、世上では高い評価を博されています。その『新戦争論』において、「戦争とは、国際紛争解決の一手段である」との点から展開される。近代文明社会の戦争の問題を分析された結果、今日の常識では難解でしょうが、「戦争を否定すると近代文明が崩壊する」と論断されたあたりは、所謂、俗流平和主義者の石頭を叩き割る程の迫力と新鮮さとに満ちたものです。つまり、近代文明は、何らかの乱や犠牲を内包しているものなのです。ただ、小室氏はどうやら〝近代〞が史上、最高度の文明の時代であると信じて疑わないようです。しかし、そのような視座からは真の平和への道は望めないと我々は考えてきました。

日本の近世は果たして貧しかったか

それは近代文明以外にも高貴の文明が存在し得るのではないかと見るからです。昌益が批判したところを取り除いた江戸時代、モースの写生から窺われる江戸時代、これは文明の名に価しないのでしょうか。私は日本の近世を貧しいと思えないのです。思想理論の世界においてだけでなく、文芸の立場に立ってもそう思います。例えば、中谷孝雄《なかたにたかお》氏の著された『旅の詩人　芭蕉』の時代が、豊かで美しいものであったと二度、三度読み返しても疑えません。むしろ、なつかしく慕《したわ》しい世界であったと思うばかりです。試しに、儒者（狭義の）を除いて、芭蕉が生きた時代に輩出した著名の人を挙げてみます。

美術の方面では、酒井田柿右衛門《さかいだかきえもん》、尾形光琳《おがたこうりん》、菱川師宣《ひしかわもろのぶ》、狩野探幽《かのうたんゆう》等々。歌舞伎では初代市川団十郎《いちかわだんじゅうろう》、茶道では小堀遠州《こぼりえんしゅう》、千宗旦《せんそうたん》、千宗左《せんそうさ》、農学では青木昆陽《あおきこんよう》、宮崎安貞《みやざきやすさだ》、本草学では貝原益軒《かいばらえきけん》、天文学では渋川春海《しぶかわはるみ》、数学では関孝和《せきたかかず》、国学では下河辺長流《しもこうべちょうりゅう》、契沖《けいちゅう》、荷田春満《かだのあずままろ》、歌学では北村季吟《きたむらきぎん》、戸田茂睡《とだもすい》、その他、近松門左衛門《ちかまつもんざえもん》、井原西鶴《いはらさいかく》、石田梅岩《いしだばいがん》、河村瑞軒《かわむらずいけん》等々、まことに多彩です。

しかし、我々は専ら江戸時代を批判する学校教育に育ちました。少年の日に心に重く澱んだ、その批判の一つは、江戸時代の体制―収奪をほしいままに行う体制に対してでした。だが、この点では、何らかの形で植民地のようなものを必要とする近代文明、今日の〝未来を収奪〟する文明に住んでいる我々と江戸時代の支配者達と果して、いずれが罪深いでしょうか。少くとも、収奪や権力的支配を志す方向のみが、江戸時代の全てではなかったでしょうし、そのような〝有害な諸影響を取り除いたところに現われるであろう〟江戸時代の姿は、むしろ、新鮮で貴いものでした。

欧州の日本人観を変えた日本人論～ゴローニン艦長と松前藩藩士との対話

今一つの批判は、鎖国政策によって日本が近代文明から取残されてしまったのは、幕府の権力確立と維持の志向に原因するというものでした。近代化が遅れたことを不幸と速断するような発想について、幕末から明治にかけて近代化せざるを得なかったという事情を汲むことと、近代化のみが文明の発展に寄与すると信ずることとの間には、天地程の隔りがあるのだということを説諭されて、「西洋は野蛮ぢや」と申されたのは、西《さい》郷《ごう》南洲《なんしゅう》です。

また、結果として鎖国政策が幕府権力の維持に役立ったことを否定はしませんが、その政策の底に流れている思想の全てまでを葬り去ってしまえるでしょうか。例えば、日本に漂着したロシアのゴローニン艦長と松前藩の一下級役人との応答は感銘深いものでした。一八一六年刊行の『日本幽囚記』はロシア海軍軍人・ゴローニンの手記で、日本の捕囚となっていた時の記録と、その体験にもとづく日本人論。出版後ただちに各国語に訳され、ヨーロッパ人の日本認識を正す役割をはたしました。

鎖国政策を採り続けようとする日本に対して、開国し、近代化への道を進んだ方が、「さまざまな利益」があることを諄々とゴローニン艦長が説いたところ、その藩士は、「ヨーロッパでは戰爭のないのは五年と續かず、また二ヶ國が爭ひを起すと他國も澤山その爭ひに割り込んで來て、ヨーロッパ全體の戰爭になるやうですが、一體その原因は何です」（『日本幽囚記』岩波文庫下‐89頁）と質問しました。

艦長は、「隣合つて生活し、絶えず交渉を持つてゐるために、不和のきつかけが出來るのです。さうした不和は、必らず圓滿にまとまるとは決まつてゐないのです。ことに個人的な利害と名譽心が混つて來ると、なほさらに友好的に解決でき」ず、戦争に入り、一方が強大となってくると、別の国々が自衛のために弱い国の肩を持ち、強い国は強い国で「同盟国」を求め、「かうして戰爭は殆んど全般的なものとなつて行くのです」（同下-90頁）と答えました。

そこで、藩士は、「かりに日本と支那が西洋諸國と國交をひらき、交際するやうになり、さらに西洋の制度をまねるやうになつたら、人間同志の戰爭は一曾頻繁に起り、人間の血は一段と澤山流されるのではありますまいか」（同下-90頁）、続けて、「日本としては（略）古來の立場を守つた方が、各國民の不幸を少くする意味で却つてよいのでありますまいか」（同下-91頁）と尋ねたところ、遂に、艦長は返事に窮してしまいました。

つづけて、藩士が、「日本には隣り合はせて大小二つの町があります」「大きい方の町の住民は金持ちで、必要品はもちろん、贅澤品も澤山持つてゐます。ところが、不幸なことには、この町の住民は年がら年中、喧嘩ばかりしてゐるし、また無頼漢も多くて、夜歩きは危ない程なのです。しかるに小さい町にはごくごく必要な物だけしかないのですが、その代りに、住民はお互に兄弟のやうに仲よく暮らし、内輪喧嘩などありません」（同下・91頁）と語った時、艦長達が「小さな町の方がよい」（同・92頁）と答えたのに対して、藩士達はこの二つの町を欧州と日本に喩えました。そして、艦長達は再び、言葉を返し得なかったのです。

「斎庭《ゆにわ》の穂《いなほ》」とお祭り

環境問題篇の最後に、田に降り立つ仕事が神々と共にあった時代の、「ことよさしのままに」暮らした人々の慎ましくも心豊かな日々に思いを寄せ、この国の礎は何によって築かれたのかを考えてみたいと思います。

宮座や頭（當）屋という、神々を祭る結びつきの中で、有機的、自治的共同体を育てながら営まれてきた〈農の世界〉は、今日、完全と言えるほどに工業社会に組み込まれてしまいましたが、それでもまだこの〈農の世界〉にははるかな昔から伝えられてきた貴重な由縁や記録が亡びることなく存在しています。章題とした「斎庭の穂」は天照大神の三大神勅の一つとしてよく知られています。

稲田のはじまり

『日本書紀』の天孫降臨章の一書（異伝）の第二には次のように伝えます。

天照大神《あまてらすおほみかみ》、（略）又《また》勅して曰《のたま》はく、「吾が高天原《たかまのはら》に所御《きこしめ》す斎庭《ゆには》の穂《いなのほ》を以て、亦吾が児《みこ》に御《まか》せまつるべし」とのたまふ。

最後の「御せまつるべし」を「ことよさせまつるべし」と訓まれたのは『鳥見のひかり』を大東亜戦争末期の昭和十九年九月に著された保田與重郎先生でした。「高天原から地上に天降《あも》られる嬰児にまします〝皇孫《すめみま》〟、瓊瓊杵尊《ににぎのみこと》に、天照大神は〝稲の種〟を〝ことよさし〟たまいました。」というこの伝えは『日向国風土記』（逸文）にもなつかしいかたちで語られていました。

> 臼杵郡《うすきのこほり》の内《うち》、知舗郷《ちほのさと》。天津彦々火瓊々杵尊《あまつひこひこほのににぎのみこと》、天《あま》の磐座《いはくら》を離《おしはな》ち、天《あめ》の八重雲《やへくも》を排《おしひら》きて、稜威《いつ》の道別《ちわ》きに道別《ちわ》きて、日向《ひむか》の高千穂《たかちほ》の二上《ふたがみ》の峯《みね》に天降《あも》りましき。時に、天暗冥《あめくら》く、昼夜《ひるよる》別《わ》かず、人《ひと》と物《もの》は道《みち》を失《うしな》ひ、物《もの》の色《いろ》別《わ》き難《がた》かりき。茲に、土蜘蛛。名を大《おほ》鉗《はし》・小鉗《をはし》と曰《い》うものの二人ありて、奏言《まを》ししく、「皇孫《すめみま》の尊《みこと》、尊《うづ》の御手《みて》以《も》ちて稲《いね》の千《ち》穂《ほ》を抜《ぬ》きて籾《もみ》と為《な》して、四方《よも》に投《な》げ散《ち》らしたまはば、必《かなら》ず開晴《あか》ることを得む」とまをしき。時に大鉗《おほはし》等《ら》の奏《まを》ししが如《ごと》、千穂《ちほ》の稲《いね》を搓《ても》みて籾《もみ》と為《な》して、投げ散したまひければ、即《すなは》ち、天《そら》開晴《あか》り日月《ひつき》照《て》り光《かがや》きき。（『風土記』角川ソフィア文庫 下-433頁）

土蜘蛛の「くも」は「神」と古言では同意であり、恐らくその土地を領《うしは》く神であろうと見られます。『日本書紀』や『古事記』の神代の巻には、このような最も古い、地方の伝承が豊かに編み込まれています。

天照大神は、高天原で「天狭田《あめのさだ》・長田《ながた》」を営まれていると伝えられます。その田に成った稲の種を「ことよさせ」られた皇御孫尊《すめみまのみこと》は、この地上にそれを播《ま》いて、天上の風儀《ふうぎ》を恢弘《かいこう》あそばされるというのが、最も大切な御使命でしたから、『延喜式』に見える祈年祭の祝詞「祈年祭詞《としごひのまつり》」には、皇御孫尊（天皇）を主語として、次のような神々に奏上する言葉が見えます。

御年皇神等《みとしのすめかみたち》の前に白さく、皇神等《すめかみたち》の依《よ》さし奉《まつ》らむ奥《おき》つ御年《みとし》を、手肱《たなひぢ》に水沫《みなわ》畫《か》き垂《た》れ、向股《むかもも》に泥《ひぢ》畫《か》き寄せて、取り作らむ奥つ御年を、八束穂《やつかほ》の伊加志穂《いかしほ》に、皇神等の依《よ》さし奉《まつ》らば、初穂《はつほ》をば、千穎八百穎《ちかびやほかび》に奉《たてまつ》り置きて、甕閇《みかのへ》高知《たかし》り、甕腹《みかのはら》満《み》て雙《なら》べて、汁《しる》にも穎《かひ》に称辞竟《たたへごとを》へ奉《まつ》らむ。

「祈年」の「年」も、「奥つ御年」の「年」も共に稲のことであり、ひいては年月の「歳」をも意味するのですが、この祝詞は旧二月四日に先ず朝廷から農事を始めるとして、各地から参集して来た神主達にもよく聞こえるように、中臣氏の者が代読申し上げたものですから、もとより、「手肱に水沫畫き垂れ、向股に泥畫き寄せて」稲を「取り作」り給うという水田の農作業をあそばされるのは、皇御孫尊に他ならない、というのが古い伝えでした。原文では、「取作牟」と書かれているところを、幕末の国学者、鈴木《すずき》重胤《しげたね》は『延喜式祝詞講義』で「取は手にし採るに非ず、身以て其事を執るなり」といくつか例証した上で、注解しました。

委任や寄託とは異なる「依さし」の意味

さて、先程のいわゆる斎庭の穂の神勅と、この祝詞の中に出てくる「依さし」の語について、保田先生は、『鳥見のひかり』中、第二篇の「事依佐志《ことよさし》論」で次のように注釈されています（保田與重郎文庫版61頁）。

> こゝに（＊筆者注／祈年祭詞）、皇神達の「依さし奉る」といふ語が二例あつて、これをよく考へると、初めの事依さしは、米作りを依さし給ふ神敕を旨とし、次の依さしは、神敕奉行中に対する神の徳用、即ち今日いふ神助を旨といふ。即ち神敕は実

に神の依さしに含まれ、即ち神勅にて神助定まつてゐることが明らかである。たゞ神助については我らは絶對に口出し出來ないといふのは當然のことである。その有無を言擧げる代りに、事依さしにひたすら仕へ奉ることのみが、人の道である。

「徳用」について、鈴木重胤は「恩頼《みたまのふゆ》」と注解しました。天照大神が稲の種を皇御孫尊《すめみまのみこと》に、ことよさせられたのは、委任や授与や寄託といった意味合いのことではなく、皇御孫尊が地上に稲を作られる時、必ず、神々もまた、その勤労の間、手助け遊ばされるのであろう、あるいは共々に田に居て働かれるであろうと言った、神々と共にある水田農の尊さを保田與重郎先生に教わるのです。この間の消息をつづめて、折口信夫《おりくちしのぶ》博士の場合は論考「新嘗と東歌」の中で、「日本の宮廷が存在する理由は、大昔の人にとつては疑ひのないことであつた。それは天の神の言ひつけで、『をすくに』に稲を作りに來られたのである。從つて稲を作つたら、まづどうしても祖先にお供へしなくてはならぬわけであつた」（『折口信夫全集』中央公論社 第16巻 - 290頁）と説かれました。

神々と共にうちくつろぐ場、直会

初穂が実って、年中のお祭りの中でも最も嬉しい気分に満ちた秋祭りは、地方それぞれの呼名はあるにしても、宮廷の新嘗祭と本質的に異なるものではなかったと考えられます。ただ、『日本書紀』や『古事記』を見るかぎり、稲の種は皇御孫尊に、ことよさせられたものであって、直接に衆庶との関係は記されていませんが、『日本書紀』の四神出生章の一書の第十一に、稲・粟・稗・麦・豆を指して、「是《こ》の物は、顯見《うつ》しき蒼生《あをひとくさ》の、食《くら》ひて活くべきものなり」と天照大神が仰せになられたことが見えます。したがって、この稲をもって暮しをたてるかぎり、やはり、我々の祖先達も、ことよさしに仕える世界に住んでいたと見られるのです。豊饒の秋を迎えたならば、まず、初穂をば、汁のものにも酒にも餅にも作り、もちろん、飯にも炊き、産土の神や氏神や田ノ神にお供え申し上げねばならなかった代りに、翌年の播種の分や税の分等を除いて、米を心ゆくまでもっぱらに食べ得るというものでした。神々の召し上がられる量はほとんど古のままで、慎しいと言えば、そうとも言えますが、しかし、最も心豊かなものでした。その神々の召し上がり物と同じ物を神々と共にうちくつろいで、人々も食して、和楽するのがお祭りのひとつの最高潮でもありました。これを直会《なおらい》と言います。

ことよさしのままに生きる暮らし

垂仁天皇の皇女、倭姫命《やまとひめのみこと》が豊鍬入姫命《とよすきいりびめのみこと》に代って斎王となられて、天照大神の御霊を宿した八咫鏡を奉戴されて、五十鈴川の川上の現在の御鎮座地に到りますまでの間、大和国宇多から始まり各地を巡幸されます。その時、伊勢国桑名の野代宮《のぐりのみや》に御遷幸されるまでは、「地口御田」が、その後は「神田並神戸」が進《たてま》つられたと、件数にして十三程の記事を『倭姫命世記』は伝えています。

折口博士が、「日本では、稲穂は神である。其には、魂がついて居る。國々の魂がついて居る。魂の内容は、富・壽命・健康等である。（略）米の魂が身に這入ると強くなり、壽命が延び、富が増すのである。」（『折口信夫全集』中央公論社 第3巻-184頁）と説かれたことから発想するならば、御巡幸中の神田等の献進の記事が意味するところは、農の暮しの中では、最も奇《くし》びで豊かな霊威を発動される天照大神の御前に、特に神聖であると選ばれた田圃で、神戸《かんべ》と呼ばれた役目の人々が作った稲をお供え申し上げて、その御霊《みたま》のさらに、益々太まり、たくましくなり給いませと乞祈《こいの》みまつるお祭りを奉仕したことを中心とするものであったと見られます。天照大神の御稜威《みいきほひ》が盛んにましますことは、取りも直さず、稲の生産の豊饒を招くものであると信じられてきました。

遠き日の信仰の世界のことであるからと言ってしまえば、取付く島もないかのように感じられるでしょうが、しかし、懸税《かけちから》や懸供《かけく》米《ま》を神垣に初穂として掛けて奉献するように税は稲を穂付のまま束ねて神々にお供え申し上げるという、簡単素樸のものでした。それは、ことよさしのままに生きる暮しの中では、田に降り立つ労働が、人だけのものではなかったからです。

折口博士が『大嘗祭の本義』の中で、大嘗祭で天子様（天皇の意）に奏上される中臣《なかとみ》寿詞《のよごと》について次のように注釈しています。

つまり、中臣は、水の魂を天子様に差し上げる聖職の家である。言ひ換へれば、中臣の家は、水の魂によつて生活して居る家筋である。其故、水の魂を、天子様に差し上げるといふ事は、自分の魂を差し上げる事になる。中臣は、群臣を代表して居るから、他の臣たちのも、此意味で、各々の家筋の魂を天子様に奉る事になる。昔は、神事と家系とは、切り離す事の出來ぬ、深い〳〵關係があつたのである。（『折口信夫全集』中央公論社 第3巻‐209頁）

このような〝天職〟の世界に住む人々、ことよさしのままに暮す人々は、朝廷を始め霊威著き神々や神社に「税《ちから》」をたてまつりました。神宮においては、十月の神嘗祭の前日、内玉垣に一般の人々から奉納された稲の束（懸税《かけちから》）が所狭しと奉懸されます。この懸税が囲うように今上陛下の稲束も掛けられます。

天照大神に「税《ちから》」を差し上げるように、秋から冬にかけて、神々の霊力は豊かに蓄えられ、皇御孫尊《すめみまのみこと》の御稜威はいよいよたくましきものとなり、早春の二月、再び、食国《をすくに》の豊饒を招くべく、祈年祭に当って、各国から神主や祝部を朝廷に参集せしめ、忌部をして皇御孫尊の幣帛《みてぐら》を彼らに頒《わか》ち賜《たま》わらしむというのが、『延喜式』に記すところです。すなわち、農事始まるに当って、国中の「税《ちから》」を得て、再び、たくましくなられた皇御孫尊の御稜威のこめられた絁《あしぎぬ》や木綿《ゆふ》といった幣帛（帛は布の意）を「三千一百卅《三十》二座」の全国の神々にたてまつるべく、その国々の神主祝部にそれを持ち帰らせるというのが、『延喜式』の班幣の意味でした。祈年祭の祝詞も『延喜式』中に記されている点では、今日いう、法曹の意義を持っていました。

　さかのぼれば、御年（稲）の幸はふこと（豊作）を祈念することは『延喜式』を待つまでもなく、律令制度が整うはるか以前から行われてきたものと見るべきでしょう。民族学の泰斗、三品彰英《みしなあきひで》は民族学の観点から天孫降臨神話と類される古くからあるさまざまな伝承を紐解き、律令制定以前には、天皇みずからが斎田を親耕された時代があったに違いないと推断しています。そして、記紀から次に引く一節を俎上にのせながら、「祀られる神」と「祀る女性」に託された使命は「広く収穫祭一般に見られる穀倉の祭祀に通ずるもの」と指摘していますが、そこから浮かび上がってくる世界は、本論のはじめに紹介した保田與重郎先生の神勅と神助が一体となった「ことよさし」の世界を彷彿とさせるものです。以下、三品氏の『古代祭政と穀物信仰』より引用します。

「是《こ》の後《のち》に、素戔嗚尊の爲行《しわざ》、甚《はなは》だ無状《あづきな》し。何《いかに》とならば、天照大神《あまてらすおほみかみ》、天狭《あまのさな》田《だ》・長田《ながた》を以て御田《みた》としたまふ。時に素戔嗚尊、春《はる》は重播種子《しきまき》し、且畔毀《またあはなち》す。秋は天斑駒《あまのぶちこま》を放《また》ちて、田《みた》の中《なか》に伏《ふ》す。復天照大神《またあまてらすおほみかみ》の新嘗《にひなへきこ》しめす時《とき》を見《み》て、則《すなは》ち陰《ひそか》に新宮《にひなへのみや》に放屎《くそま》る。又天照大神の、方《みざかり》に神衣《かむみそ》を織《お》りつつ、齋服殿《さいはたどの》に居《ま》しますを見て、則ち天斑駒を剝《さかはぎには》ぎて、殿《おほとの》の甍《いらか》を穿《うが》ちて投《な》げ納《い》る。是《こ》の時に、天照大神、驚動《おどろ》きたまひて、梭《かび》を以《も》て身《み》を傷《いた》ましむ」。（『古代祭政と穀霊信仰』平凡社 428頁）

＊著者注／原文は『日本書紀』第七段の本文。三品氏の引用にある『古事記』の対応する部分は省略し、原文にルビを付与した。

この伝承を受けて、三品氏は次のように続けます（著者注／ルビを一部付与）。

ここではアマテラス大神自身が新嘗儀礼の実修者であり、その御田と斎場とが接近して営まれていた実態を背景にして語られている神話構想となっている。アマテラス大神は、ここでは「祀られる神」ではなく、田を耕したり神御衣を織ったりしてニヒナメの神まつりをする「祀る女性」である。「書紀」第一ノ一書では、斎服殿において神之御服を織っていたのは稚日女尊《わかひるめのみこと》であるとしているが、そこにアマテラス大神の原態としてのワカヒルメ――「祀られる神」ではなく「ニヒナメの神まつりをする女性」――を見る思いがする。「記」は三貴子分治の段において、アマテラス大神が「御倉板挙之神《みくらたなのかみ》を祀る」ことを使命とされたことを語っているが、この御倉の棚に奉安された「御頸珠《みくびたま》」は稲魂を確保する珠と解してよく、それは広く収穫祭一般に見られる穀倉の祭祀に通ずるものである。（同）

天照大神をお祭りする皇大神宮がなぜ弥生時代の穀倉の姿を今にとどめているのか。そこに皇御孫尊《すめみまのみこと》が持ち伝えてきた信仰の現実、ことよさしのままに神と人があった世界が二千年の時を伝い、今に生きているからに他ならない、と私には思われるのですが、みなさんはどのようにお考えになるでしょうか。

＊『天照大御神・研究篇二』（神道文化会 昭和五十七年）所収論文を令和四年改稿

おわりに

伊勢の神宮とは指呼の間にある小堀先生の書斎、古市重寶庵にて、本稿「おわりに」にあたる原案をいただき、あわせてその補遺となるさまざまなお話を伺ったのは令和五年八月十九日のことでした。お暇する際、「構成はおまかせしますよ」との一言をいただいてから二週間ほど後の九月二日が先生の命日となりました。年々苛烈さを増す真夏の暑さの中、伊勢に不案内な来訪者を案じて（おそらくいつもそうされるように）宇治山田駅までご自身が運転する車で出迎えてくださったこと、その車中になぜか響いていた古関裕而作曲の阪神タイガースの歌のこと、もう二度はないあの日の出来事の一つひとつが思い出されます。本稿「おわりに」は、このような経緯から、編集部責任にて最終的な構成を行ったものです。

未来は「より便利に、より豊かに」を超えたその先に

「この文明から公害という刺だけを抜き去ることができるか」

本編（環境問題篇）のはじめに置いた、恩師である宇治田一也先生からの問いかけです。師から問われるままに自分に問うてみた十代の頃から今に至るまで、この命題を考え続けてきた内なる自分がいます。時の経過とともに公害という言葉はその意味する領域と深度を変えながら、昨今は地球環境問題という言葉へと座標を移したようですが、しかし、内なる自分がこの問いへ返す言葉はいまだに寄るべき港を探し続けているように思われます。言うまでもなく、困難な命題と言うほかはないのです。それは、この問いに正しく立ち向かうということは、自らが拠って立つこの文明の根幹を問うことと同義だからです。

「近代」に遣えなくてすむ道はないだろうか——そんな思いを抱いて神職の道にたど

り着いたかつての私がそうであったように、この文明の根本にある〈収奪の思想〉に気づき、この文明をできる限り推進しないような生き方をしたいと望む人も近年はわずかながら増えてきたことを仄聞します。しかし、たとえそのささやかな願望が、何らかの政治的決断に結びつくことになったとしても、その結果が「現代の暮しを相似形に縮小すること」にとどまるなら、この文明を根本的に変える力には（残念ながら）なり得ない、ということも確かなことでしょう。

環境の問題にせよ、戦争の問題にせよ、今日のあらゆる問題は私たちの暮らし方によって引き起こされているということ。その事実から目を背けず自分自身の問題として見据えたとき、四方を袋小路に囲まれた交差点に佇んでいるような、暗澹たる気持ちに襲われるのは私だけではないはずです。

この文明が、植民地主義文明であり、罪の文明であり、それを支える生産様式が、やがて我々と我々の子孫の生存基盤を崩壊させるものであると反省した上でなお、我々が自らへまず問い質すべきことは、「より快適に、より便利に、より豊かに〝進歩〟する」とこれまで信じられてきた生活様式を羨望することも、それに誘惑されることもない、との自覚を芽生えさせられるかどうか、その先にはやはり、苦痛を伴うとしても、我々の文明の今あるままの姿と対峙する決意が必要であると思われます。

　自分自身をも含めた今の世界が、なすがままに迎える未来は絶望という言葉に紙一重ではないか、という思いがことあるごとに湧き上がってくることを正直に告白しなくてはなりませんが、「そうは言っても我々の行き先に希望がないわけではない」とつぶやく内なる自分に叱咤されるように、折に触れ、したためてきたものが本書の草案になりました。

　今日の無明の展望しかないような世界を離れて、新たに、一歩一歩踏みしめ、日々の行いを積み重ねていきたいと願う者にとって、何が「希望への道標」たり得るのか。その手がかりを求め、言語を通じて上代に生きた人々の暮らしと思いにさかのぼり、江戸期の思想家、安藤昌益の〝理想〟に触れ、江戸から明治への端境期に初めて日本を訪れた外国人モースの新鮮な目を通して描かれた「近代」というものにまだ呑み込まれていない当時の人々の暮らしを心に思い描き、というように、たどたどしく歩んできた自身の来し方を振り返りながら、その道すがら見聞した敬すべき先人たちの教えを折に触れ、旅景色のように書きつづっていくうちに、「神道神学」という言葉にも思い至りました。

神学というと、ある特定の宗教的立場や信仰のあり方を前提にした世界観を示したもの、と受け取る理解が世に定着しておりますが、本書でも見てきたように、神道と今呼ばれる世界の有り様を源にまでたどれば、それは、教義の授受や経験なき思惟思弁の世界からはじまったものではなく、生きていく糧である御年（稲）の幸はふこと（豊作）をともに祈念し、ともにはたらき、ともにその実りを喜び分かち合ってきたこの国の人々の日々の暮らしそのものであった、ということを知ります。前節で見たように、律令以前のこの国では、祀られるものと祀るものの区別さえないような神ながらの道があったことも伝承から紐解かれています。それらは分かち合うことがあたりまえであった世では「言葉にするまでもなかった」ことと思われますが、有為転変するこの世、この文明のときに至るまで、辛うじて伝え紡がれてきた神職の道を得ることができた我が身の責務として、現代の環境問題とも批判的に接続するであろう神ながらの道のはじまりの姿を、神学という言葉に託して記して置くことにも意味があろうか、そのような思いもまたありました。もとより本論は完成したものでなく、あくまで、これから多難な時代を生きることになる人々にとっての生きるための手がかり、希望への道標となることをささやかな願いとして、「はじまりの神道神学」としたものです。

人事儘處卽命。私が神主になるにあたり、保田與重郎先生が寄せてくださった揮毫には頭山満《とうやまみつる》翁のこの言葉がありました。仮に、この道の先に希望があると思うか、と問われれば、人事を尽くせばあるのではないかと考える、それを誠実さの現れと信じたい私の心の若さを見透かされていたのでしょうか、保田與重郎先生の言葉を思い出します。

「人事を尽くすなどと言うことは、考えてみれば、無理なことではないか。まして天命を待つなどとは、いかにも傲慢ではないか。人事の尽きたところ、それが自分の命と思うならば、まだしも自ずからな態度かも知れない」

できることは、人事尽きるまで。日々、田に降り祈り祭り、ことよさしのままに暮らした先人たちも、その思いのなかに日々を紡いでいったのでしょう。変わらず、今も、これからも、そのようにあることの大事さを教えられます。

靖國神社宮司を任じた頃

著者が奉職した神宮（伊勢神宮）にて

付篇一

米の備蓄と式年遷宮

神嘗祭《かんなめさい》と神儀《しんぎ》奉遷《ほうせん》

太陰太陽暦の旧九月十五日から十七日にかけてが、明治十二年以前に伊勢の神宮で神嘗祭の行われた日でした。

（旧九月）

豊受大神宮（外宮）神嘗祭

九月十五日夜　由貴夕大御饌

〃　十六日暁　由貴朝大御饌

↑外宮遷御《せんぎょ》（古代では内宮から二年おいて式年遷宮）

〃〃　昼　奉　幣

皇大神宮（内宮）神嘗祭

九月十六日夜　由貴夕大御饌《ゆきのゆうべのおおみけ》

↑内宮遷御《せんぎょ》（式年遷宮）

〃　十七日晩　由貴朝大御饌《ゆきのあしたのおおみけ》

〃〃　昼　奉　幣

天照大神《あまてらすおおみかみ》の御饌都神《みけつかみ》にます豊受大神《とようけのおおかみ》をお祭りしたのち、豊受大神《とようけのおおかみ》が調備をみそなわされた由貴《ゆき》の夕《ゆうべ》・朝《あした》の大御饌を天照大神にたてまつる儀に移る、これが次第の中心です。由貴大御饌とは神聖由貴（斎酒、神聖な酒《き》）を添えた清浄な地で生産された神の召しあがりものという意味です。海川山野の幸《さち》三十種ある内、神宮神田で抜穂祭《ぬいぼさい》が行われたのち御稲御倉《みしねのみくら》に保管しておいた新穀を飯《いい》にかしぎ、餅に搗《つ》き、酒にかもして神前にたてまつることが重要で、このことによって、大神の神威《しんい》のなお一層強まられることを乞い願うのが神嘗祭の主眼です。この式日《しきじつ》が飛鳥、奈良の時代には九月の望月《もちづき》前後の月光さやかな夜、午後十時から午前二時にかけて大祭は行われていました。

真夜のしじまに夕朝の大御饌が供進《きょうしん》される儀に際して、天皇の幣帛が勅使によってたてまつられる。これが奉幣で、他社に比して格段に丁重なものであるため、かつては一《いっ》社奉幣《しゃほうへい》とも呼ばれました。

さて、大祭中の大祭、神宮式年遷宮が行われる式月式日は外宮が旧九月十五日、内宮が同十六日でした。図のように、内宮の式年遷宮が行われる年の神嘗祭を例にとると、まず外宮で恒例（毎年）の神嘗祭が行われたのち、内宮の本宮で十六日の夜、由貴《ゆきの》夕大御饌《ゆうべのおおみけ》がたてまつられ、続いて神儀（御神体）を新宮へ奉遷《ほうせん》する遷御《せんぎょ》の儀が行われます。そして新宮で大神に由貴朝大御饌《ゆきのあしたのおおみけ》をたてまつります。外宮の遷宮は内宮より二年遅れて実施するのが古代の慣例で、その年の神嘗祭の夜、外宮では遷御の儀を伴う大御饌の儀が新旧の正宮で行われるのに対し、内宮では恒例の神嘗祭を行いました。

式月式日の制が乱れ始めるのは興国四（一三四三）年の第三十五回式年遷宮からです。

南北両朝迭立《てつりつ》に象徴される公武の混乱が古義を失わせたのでしょう。寛正三（一四六二）年の第四十回以後は月日の勘下《かんげ》を仰ぐことになります。

したがって、古代から鎌倉期までは、二十年に一度、新宮を造営し、御装束神宝《おんしょうぞくしんぽう》を新調して行う大祭に神宮式年遷宮と名付ける必要はなく、それは飽くまで神儀を新宮へ奉遷する儀を伴う神嘗祭に他ならなかったと言えます。このように式月式日とは神嘗祭の大御饌供進の日に他なりませんが、式年の方は『日本三代実録』仁和元（八八五）年十一月二十一日条に「式に拠りて二十年に一度改め作る」と新宮造営の記事が見えるように、仏教の式年法養といった場合と異り、弘仁式《こうにんしき》もしくは貞観式《じょうがんしき》と言った法制上定められた年限を意味するものでした。ただし、神宮式年遷宮という称呼は近代になってから定着したものです。

古代の最終的法律体系である延喜式には、（1）神宮式年遷宮と共に、いわば（2）官《かん》社《しゃ》式年遷宮も規定されています。

（1）凡太神宮《およそおほみかみのみや》は廿年《にじゅうねん》に一度、正殿《せいでん》、宝殿《はうでん》及び外と幣殿《みてぐらどの》を造り替へよ。

凡太神宮、年限満ちて応《まさ》に修造すべくば、使《つかい》を遣し（中略）孟冬より始めて作れ。其の使の供給は神税を充《あ》て用ひ、丁匠の役、封戸《ふこ》の人夫の粮食《らうじき》は便《たより》に神税《しんぜい》を用ひ、若し神税足らずんば正税《しょうぜい》を用ひよ。

（2）諸国の神社《かみのやしろ》は破るるに随ひて修理せよ。但し摂津の国の住吉《すみよし》、下総の国の香《か》取《とり》、常陸の国の鹿嶋《かしま》等の正殿は廿年に一度改め造り、其の料は便に神税を用ひよ。如《も》し神税なくば、即ち正税を充てよ。

（2）の式年遷宮は（1）に照らして正殿のみの造替《ぞうたい》を規定している点で、内容的に異なるのではないかと思われるかもしれませんが、『日本後紀《にほんこうき》』弘仁三（八一二）年六月五日条には、

神祇官言《もう》す。住吉・香取・鹿嶋の三神社 二十箇年を隔てて一に改作す。積習《せきじゅう》常となり、其の弊《へい》少なからず。今、須《すべから》く正殿を除くの外破るるに随ひて修理すべし。永く恒例と為さむ、と。これを許す。＊筆者注／修理は新造のこと。

と見え、弘仁式刪定《さんてい》以前には神宮と同様、全ての殿舎を造替していたことが明らかです。この（1）と（2）の式年遷宮を実施する法制度上の根拠が、各条末に記すように「税」にあったのであれば、その税が式またはその母法たる令《りょう》にどのように規定されるかを見れば、自ずと二十年に一度の意味も明らかとなるでしょう。

国を支えた備蓄米

まず「養老《ようろう》神祇《じんぎ》令《りょう》」には、

凡《およそ》神戸《じんご》の調庸《ちょうよう》及び田租《でんそ》は、並に神宮《じんぐう》造り、及び神《じん》に供《ぐ》せむ調度に充《あ》てよ。

とあり、全国の神の宮のいくつかを造築し、神宝等の調度品を調進するために、神戸《かんべ》の貢納する租庸調を充当しなさい、という趣旨です。後の『延喜式』「臨時祭」中にも同様の規定を見ることができます。本条の説明として『令《りょうの》義解《ぎげ》』には「租税とは、みな田賦《でんぷ》なり。ただし、新に輸《いた》せるを租といひ、経《へ》貯《たくは》ふるを税といふ」と説かれ、新穀を徴収したものを租《そ》とし、租を蓄積したものを税《ぜい》としたことが知られます。これが神税（今ならば地方税）や正税（国税）の意味で、具体的にどのような穀物が何年ストックされたかは、ほとんど指摘する人もいないのが不思議ですが、「養老倉庫令《ようろうそうこりょう》」に見えます。

凡《およ》そ倉に貯《つ》み積まむことは、稲《たう》、穀《こく》、粟《ぞく》は九年支《ささ》へよ。（中略）糒《ほしひ》は廿年支へよ。

この倉貯積条《そうちょせきじょう》に九年間穀倉に貯蔵管理せよと定められた稲《とう》とは、穂付きの稲《いね》で、穀とは五穀、黍《きび》・粟《あわ》・菽《まめ》・麦・稲《いね》のことですが、前の稲《とう》とここの稲との違いは『和名類聚抄《わみょうるいじゅうしょう》』をもとに解釈する限り不明です。次の粟《ぞく》は後世の粟《あわ》ではなく、籾米《もみごめ》です。これらは全国各地の高床式穀倉に九年間貯蔵されたのち処分、即ち官人たちに分け与えられたことでしょう。

租を蓄積した税の内、最後の糒《ほしい》は、乾飯《かれい》とも呼びますが、米を蒸して飯《いい》をつくり、天日でパサパサに乾燥させるとできるもので、体積《かさ》も重さも元の米より減少し、携行食として広く利用されたばかりではなく、二十年間という長期間の保存に耐えるものでした。糒は今も宮崎県では作られていますが、今日の石油に頼るしか食糧備蓄の方途を探り得ない発想より遥かにすぐれた資源の備蓄方法でした。どれほどの備蓄が全国でなされていたのかを窺い得る記事が、『続日本紀《しょくにほんぎ》』宝亀四（七七三）年二月六日条に見えます。

　下野《しもつけの》国、災《わざはひ》アッテ、正倉十四字、穀《こめ》・糒《ほしひ》二万三千四百余斛《こく》ヲ焼ク。

　今の四斗樽《しとだる》で換算すれば、二万三千四百余樽ものコメやホシイが十四棟の正倉と共に焼けてしまったというのです。これがこの地方の全ての穀倉ではなかっただろうし、一棟平均七万升ほどの備蓄があったことは優れた木造倉庫の存在と共に驚くべきことでしょう。神宮の正殿は最大規模の穀倉の姿を今に伝える建築ですが、試算すると優に八万升を越える備蓄容積を有しています。これら国家経済の死命を制すべき租税の出納管理には細心の注意が払われねばなりませんでしたから、『養老令』（七一八年成立）に成文化されたのですが、それはすでに『大宝令《たいほうりょう》（大宝律令）』（七〇一年制定）において条

文化されていました。天平八（七三六）年薩摩国正税《しょうぜい》帳に、

糒《ほしひ》、壹《一》仟《千》貳《二》佰《百》陸《六》拾《十》壹《一》斛《こく》 養老四年

とあり、また天平九（七三七）年豊後国正税帳には、

糒、壹仟陸拾貳斛《こく》　養老二年以前四百六拾二斛（以下略）

と見えることを指摘して、瀧川政次郎博士は大著『律令の研究』で「斯の正税帳に記載されたる糒には、二十年以前のものあれど二十年以上のものあるなし。知るべし。大宝令の規定に於いても亦、糒は二十年を支ふべきものなりし事を」と結んでいる。

神宮を始め多くの官社で二十年に一度の遷宮を実施するには、貨幣経済ではなかったので、穀物をストックした税が絶対不可欠の条件であり、税の保管年限には九年や二年という年限のものもあるが、糒の二十年という年限が、長期の計画を支えていたのです。

しかも大宝令制定時にこの貯蔵則が認められる以上、少なくともそれより二十年以上以前にそれは国家経済を支える性格上公認されたものでなければなりません。それはおそらく『飛鳥《あすか》浄御原《きよみはら》令《りょう》』でしょう。一名天武令とも言うこの令が施行されるのは持統天皇三（六八九）年のことで、翌年に第一回の神宮式年遷宮が行われたのは、まさしく糒の貯蔵法が適用された初例と考えられます。『二所太神宮例文《にしょだいじんぐうれいぶん》』に二十年に一度の造替遷宮が「天武天皇之御宿願《ごしゅくがん》」であったと伝えるのはこの間の消息を指してのものと思われます。しかも第一回神宮式年遷宮が行われた持統天皇四年の翌年には、御代始めの大嘗祭が行われました。

稲のチカラ

遷宮を始め古代の国家経済を支えた穀物のストックを税《ぜい》と呼びますが、それは国語では「チカラ」です。神嘗祭の当日、神宮の内玉垣にはずらりと稲の束が懸けられています。これを懸税《かけちから》と呼びますが、古代の神宮祭祀の概容を記し、延暦二十三（八〇四）年に神祇官へ提出した『皇太神宮《こうたいじんぐう》儀式帳《ぎしきちょう》』にも見える語で、神々にチカラ（霊力）を捧げるために稲束を玉垣に懸けるのです。

島根県の民俗に力祝《ちからいわ》いという行事があり、それは正月に一家の主人に半搗《はんづ》きの餅を食して貰い、主人の霊力の増強を願うものですが、力飯《ちからめし》や力米《ちからごめ》もまた同様の意味があったでしょう。

いずれにしても、神や人がそれを受けた場合に限らず、官衙《かんが》へ収納されたものもチカラ（税の和訓）と呼び、チカラによってあらゆる古代の大事業は実限可能となったのです。チカラを蓄積貯蔵する営みが、最も神聖な社殿の様式を生むこととなり、他方、それが国家的事業を遂行し得る根拠たり得た結果、近世諸大名が知行地を石高《こくだか》で査定して封建制を確立してゆく発想へともつながりました。

沖縄県立博物館の中庭で、昭和三十年代まで使われていた家庭用高床式穀倉が沖永良《おきのえら》部島《ぶじま》より移築されていたのを見たとき、古代の家族の未来を保証していた木造倉庫から伊勢の神宮に伝えられるところの、国家経済を支える正倉にまで発達した日のわが国の資源としての稲の尊さを思わざるを得なかったのです。

付篇二

上代の祈り

「祈り」とは〝神を祈る〟のであって〝神に祈る〟ものではなかった。神を祈ることを忘れた現代の私たちは今、神霊のはたらきを心澄ませて信じていた上代の人々の祈りを考えてみるときだと思います。

「呪ひ《い》=宣《の》ろひ《い》」

草木も眠る丑三《うしみ》つ時《どき》、とある神社の参道を素足で歩く嫁御《よめご》は三十路半《みそじなか》ばか、目尻はつり上がり、思い詰めた顔色は青白く、左手に藁人形《わらにんぎょう》の祈首《いのりくび》と五寸の祈釘《いのりくぎ》、右手に玄翁《げんのう》を握りしめ、といった光景はモノクロ映画を五十円（定かではありませんが）の入場料で見た六十年以上も昔の思い出です。このように恨みある相手に災難が起こるように神仏に祈願する行為を「呪《のろ》ふ《う》」と言いますが、この語は「宣《の》る」に反復・継続の助動詞「ふ《う》」が付いて転《てん》じたものです。宣《の》るは今は全く使われなくなった語で、わずかに「名告《なの》る」の形でしか残っていないとするのが通説ですが、私共の社会では日常的に使っている「祝詞《のりと》」の語の「宣《の》り」も宣るの連用形ですから少し説明をします。

『延喜式《えんぎしき》』などに見える祝詞《のりと》の語は、最も丁重な表現をとるとき、「天《あま》つ祝詞《のりと》の太祝詞《ふとのりと》言《ごと》」と神々に奏上されましたが、今も神宮では使われる語です。この表現について明確な見解を示したのは折口信夫《おりくちしのぶ》で、「天つ祝詞」は〝神聖な宣《の》り処《と》〟の意味であり、その場所《と》で唱えることばが〝宣《の》り処《と》言《ごと》〟であると言うのです。「宣《の》る」の原義は〝神や天皇がその神聖な意向を表明すること〟にありますから〝宣《の》り処《と》〟説は正しいと思われます。おそらくその座《ざ》は一段高くしつらえたもので、臣下たちによく聞こえるように配置されたことと考えられます。ノリトゴトがつづまってノリト（祝詞）と一般に使われるようになりました。

ちなみに「詔《しょう》」は「御言宣《みことの》り」の意味で天皇の命令を伝える文書の一形式ですが、漢文体のものを詔書《しょうしょ》、和文体のものを宣命《せんみょう》と言います。

境内の木に藁人形を五寸釘で打ちつける呪いの行為は効果があったのでしょうか。民俗学の柳田國男はどの村にもいた長老的存在、老農《ろうのう》の役割を指摘しています。思い悩んだ末に嫁御が五寸釘を打つのは、恐らくその村内に嫁姑の不和などのうわさが立っていることが背景にありましたから、温厚篤実な老農がそれとなく、身内の人たちを傷つけることなく治めようとしたのだろうと言うのです。村は神社を核とする共同体ですから、呪う場も救済する契機も神社にあったと考えられます。

祈り＝斎《い》宣《の》り

神宮の古い職掌に物忌《ものいみ》という童子の役割があり、今も神田《しんでん》下《げ》種祭《しゅさい》や式年遷宮《しきねんせんぐう》の山口祭《やまぐちさい》、鎮地祭《ちんちさい》などに奉仕が見られます。物忌《ものいみ》の子は十歳前後の童女が本来の姿ですが、童男の奉仕も近世には見られます。その職名は〝ものを忌む〟ところから発生したもので、世俗的なことから身を遠ざけて潔斎《けっさい》しながらお祭りにのぞみ、神霊《かみ》に最も近づいて奉仕しますから、大層重要な職です。この忌《い》むという行為の〝い〟は神聖であること、清らかであることを原義とし、〝む〟は恨《うら》む、嫉《そね》むの〝む〟と同様、心情を表す活用語尾と考えられます。また、忌《い》むは斎《い》むとも表記しますから、上代語からいくつか拾ってみます。

①忌籬《いかき》（斎垣とも）
②斎串《いくし》
③斎杭《いくひ》
④斎槻《いつき》

①は神宮の瑞垣《みずかき》と同様、神聖なものを祭りこめたまわり（周囲）の垣です。②は神霊招来するためにサカキなどの常緑樹に木綿垂《ゆふしで》（コウゾなどの白い繊維の糸）を付けたもので、式年遷宮《しきねんせんぐう》の遷御《せんぎょ》の儀などでは太玉串《ふとたまくし》と呼ばれ、神霊を囲うように地面に刺し立てるものです。③は神霊を招来するために地中や川中に打ちこむ神聖な杭のことです。④は神霊

が宿るほどに枝葉の繁茂した槻の木のことです。

イ・ノリのイには神聖かつ清浄であるとの原義に加えて、今見たように神霊がそこにましますとの意味もあるようです。ノリの宣《の》るが大きな声で告げることを考慮すると祈る行為は、大声で神の名を告げることにほかならないようです。

神を祈る

神の名を告げることは神の出現を意味することでしたから、よほどのことでない限り祈る行為はつつしまなければなりませんでした。それは国民の誰一人として神を奉じて生きていない者はないという、二千年か数千年かかけてひさしく培われてきた精神伝統の中での行為であるからです。願うところが成就するように常には口に出さないことを神の前に祈る歌を『万葉集』からいくつか拾ってみます。

①海神《わたつみ》の　いづれの神を　祈《いの》らばか　行《ゆ》くさも　来《く》さも船の早けむ（一七八四）

②天地《あめつち》の　神《かみ》を祈《いの》りて　我《あ》が恋《こ》ふる　君い必ず　逢《あ》はざらめやも（三二八七）
③霰《あられ》降《ふ》り　鹿島《かしま》の神《かみ》を　祈《いの》りつつ　皇御軍士《すめらみくさ》に　我《われ》は来《き》にしを（四三七〇）
④天地《あめつち》の　神を祈りて　さつ矢《や》貫《ぬ》き　筑紫《つくし》の島を　さして行《い》く我《われ》は（四三七四）
⑤天地《あめつし》の　いづれの神を　祈らばか　愛《うつく》し母《はは》に　また言《こと》問《と》はむ（四三九二）

②の恋に悩んだはての歌はともかく、①の遣唐使に贈った歌をはじめ③④⑤の防人《さきもり》の歌はその切迫感が『万葉集』を支えているひとつの基調でしょう。

なお、①の原文には「斎祈者歟《いのらばか》」（祈ったらよいのだろうか）とあるのは斎宜《いの》りの意義そのものです。二度と神の名を告げることはしないというほどの決心をして祈った人々は、〝神を祈る〟のであって、〝神に祈る〟のではありませんでした。月光《つきかげ》のすずしさに、草木のさやぎに神霊《かみ》を感じていた人々は、神の名を声高く唱えて自分自身の生きゆく道を歩いて行ったのでしょう。病気平癒、子孫繁栄などの願いがかなうよう、〝神仏に祈る〟ことが一般となってきた平安時代以後、いつの間にか私たちは〝神を祈る〟精神軸を失いかけているのかもしれません。

神霊《かみ》のはたらきを心澄ませて信じていた上代の人々の祈りを今一度、考えてみるべきときではないでしょうか。信じるというのは、一点の疑いもないということです。

付篇三

ケガレ考～月事に対する誤解を解くために

拙論「ケガレの生死」（章立てのみ末尾に付帯します）の第Ⅸ章「無くなった生理」を引用して、女性の月事のケガレはもう口にすることさえ愚かなことと知っていただきたいと考えます。例えば、女性が神宮の御垣内参拝するとか、大相撲の土俵に上がるとか、数えれば訳も分からず女性を差別している社会習慣を見ることはいくつもあります。

ケガレを拡大誇張することを始めたのは、おそらく仏教渡来による仏教教学の影響かと思われます。仏教における女性蔑視は、釈尊の活躍した時代にすでにあり、それを解決しないまま今日に至っているようです。鈴木隆泰著『ここにしかない源典研究による本当の仏教』全四巻や佐藤弘夫著『人は死んだらどこへ行けばいいのか―現代の彼岸を歩く』といった労作のどこにも女性蔑視の旧来の思考を正す論点は見当たりません。仏教寺院の管長や宗務総長など仏教教学の責任ある地位に女性は登用されていません。ちなみに伊勢神宮祭主（神宮祭祀の最高責任者）は現在女性です。

わが国の月事についての考えは極めておおらかなものでした。『古事記』に倭健命《やまとたけるのみこと》が東征を終えて、美夜受比売《みやずひめ》のもとに帰り来て、比売の饗応を受けたときの逸話を『古事記』は伝えています。

襲《おすひ》の襴《すそ》に、月經《つきのさはり》著きたりき。故、その月經を見て御歌《みうた》よみしたまひしく、

ひさかたの　天《あめ》の香具《かぐ》山　利鎌《とかま》に　さ渡る鵠《くび》　弱細《ひはぼそ》　手弱腕《たわやがひな》を　枕《ま》かむとは

我《あれ》はすれど　さ寝《ね》むとは　我《あれ》は思へど　汝《な》が著《け》せる　襲《おすひ》の裾《すそ》に　月立ちにけり

とうたひたまひき。ここに美夜受比賣、御歌に答へて曰《い》ひしく、

高光《たかひか》る　日の御子　やすみしし　我《わ》が大君　あらたまの　年が來《き》經《ふ》れば

あらたまの　月は來《き》經《へ》往《ゆ》く　諾《うべ》な諾《うべ》な諾《うべ》な　君待ち難《がた》に　我《わ》が著《け》せる

襲《おすひ》の裾《すそ》に　月立たなむよ

といひき。故ここに御合《みあひ》したまひ（以下略）。

倭健命は歌を作って、言い寄りました。「今から二人で寝ましょうと思っていたのに姫の襲《おすひ》に新月が現われてしまった（月事が始まってしまった）残念なことよ」と歌いました。これに対して、姫は返歌しました。「年が経過するにつれて　月も経過しますよ、ほんにほんに（諾な諾な）あなたを待ちかねて、襲の裾に新月が出るでありましょうよ（月事の血も著《つ》きましょうよ）」と歌うおおらかさは、仏教の教えを知らない時代の考えでした。『和名抄』には「月水、俗云《よにいふ》佐《さ》波《は》利《り》」とあり、月の障《さわ》りを月事（月経）と見ていました。二首の長歌の解説は省きましたが、倭健命と美夜受比売姫の結婚を月経があっても楽しく祝う扱う内容でもありました。

「月事はケガレ」は俗念

ケガレや忌服に対する基本的誤解が久しく存在してきたことはすでに述べた通りですから、死をめぐるケガレを除くと、現代では女性特有のケガレが最も気にかかるところでしょう。

出産や流産の際に流される血即ち、霊《ち》の死が触穢《そくえ》の制規の対象とされてきましたが、明治五年には〝産穢《さんえ》〟が、そして明治六年には全ての触穢の制が廃止されましたから、女性特有のケガレを取り上げることすら今は必要のないこととなります。それでもなお、恐らく月事（月水）即ち、生理をケガレと考える俗念が横行していると指摘せざるを得ない日常もあるでしょうから、一言補足しておきます。

月事はケガレに準ずるものであったことは歴史的事実でしたが、死穢《しえ》や産穢《さんえ》と同等に扱われるものではなかったことも弘仁式以来の法制上の事実です。ただし、月事には現実に難問がありました。それは月事を隠す方法が有史以来改善されることがなかったために、かつては日常的に目に触れてしまう恐れが多分にあり、特に男性にとっては月事を目撃することは衝撃的なことであったということです。宮中での宮女が特に神経質にならざるを得なかったのは、当て布などで出血を防ごうとしていても、やはり粗相をしてしまうことでしたが、それは大量の血（霊《ち》）の死——死穢・産穢などとは比べものにならない、ケガレと言って恐れる対象ではありませんでした。

しかし、この問題は昭和三十六年以後革命的に改善されました。小野清美著（1）『アンネナプキンの社会史』が検証する画期的生理用品の出現が、現代の日常から月事を全く隠してしまうことになりました。ケガレは目や手に触れない限り、触穢《そくえ》とはならない（発生しない）のですから、たとい古代以来の法制を持ち出したとしても、現代において月事をケガレと考えることは誤解の最たるものと断ぜざるを得ません。ケガレ（2）に準ずる〝生理〟は無くなったと言ってよいでしょう。

ただひとつ、繰り返しますが、今後の課題があります。

霊《ち》（血）の死に遭遇したとき、そこに触穢や輾転《てんてん》（伝染）の制規を考える必要はなくなりましたが、霊の死に対して神道的にいかなる処置を施すかは論議しなければなりません。太政官布告はそこで祓えを行うことまでは禁じていないと見てよいでしょうが、他によりすぐれた見解があるかも知れません。

なお、以上の論考は神祇制度史の一学究として執筆しましたので、地域的（3）に差異があり、その発生時期や沿革を明確にし難い習俗としてのケガレについては全く触れませんでした。

「ケガレの生死」（神社本庁共学研究所紀要第五号 平成十二年三月）

Ⅰ. 魂《たま》の無き殻《から》
Ⅱ. ケガレの種類
Ⅲ. ケガレの伝染
Ⅳ. ケガレの共通性
Ⅴ. 「血」の考証
Ⅵ. 霊《ち》の神威
Ⅶ. 触穢の制の廃止
Ⅷ. 服忌への誤解
Ⅸ. 無くなった生理

右の論考のもとになった「触《そく》穢《え》制《せい》度《ど》史《し》稿《こう》」は神道学第一三九号（昭和六三年十一月）～同第一四七号（平成二年十一月）に掲載したものです。

触穢制度史稿

【付篇内の注】

（1）宝島社刊『アンネナプキンの社会史』の最後に、現在わが国の生理用品は輸出品としてその優秀性を誇るまでになったことに加えて、「このナプキンは女の社会進出に一役買い、女の解放に向けて活躍した陰の功労者といっても過言ではないのだ」と結ばれています。

（2）拙著『触穢制度史稿《そくえせいどしこう》』（『神道学』第一三九号～第一四七号収載）では触れておいたのですが、月事（生理）など比較にもならない重いケガレ即ち、亡骸のケガレは飽くまで土葬が一般であった時代の産物で、今日の如く火葬が一般化してしまった状況下ではすでに有名無実と言わざるを得ません。墳墓の整理と火葬条例の一般化については芳賀登著『葬儀の歴史』を参看して下さい。もっとも五体不具穢《ごたいふぐえ》の如きばらばらになった白骨の状態についての問題もありましたが、これとて土葬されていた亡骸が露見してしまうことによって生じたものでした。

（3）民俗宗教シリーズ『ケガレ』（波平恵美子著）は古代法制度から近代の民俗に至るまで広範な考証を示す好著で、特に民俗学的考察には学ぶべきところがあると思います。また、平凡社選書『穢と大祓』（山本幸司著）は前者より多くの事例を検索し得てい、触穢《そくえ》の分類、整理という点で優れた良書で、その宗教学的見解に教わるところがあります。但し、両著とも特に中世に於ける歴史的或は制度的事例の考証には余り熱心ではなく、また、ケガレの制規の根源的解明にも考察は及んでいないのを遺憾としますが、それは拙論『触穢制度史稿』執筆時にも現在にも存在しない〝ケガレの事例沿革史〟が編纂されていない以上、無理のないことであったとは思います。

〈特別寄稿〉

神主　小堀邦夫

和歌山県海南市日方鎮座 伊勢部柿本神社
宮司 塩﨑昇

小堀さんから神道神学についての本を書いていると聞いたのは、『第六十三回神宮式年遷宮、奉賛の道理と課題』（和器出版）をお贈りいただいた御礼の電話でのことでした。どんな内容かとても楽しみにしていましたが、これが小堀さんの最後の著書になろうとは夢にも思いませんでした。

私は小堀さんと同郷、和歌山県の出身です。伊勢の神宮に奉職して五年目の春に神宮司庁広報課に配属され、係長に就任されたばかりの小堀さんと一緒に仕事をさせていただきました。一緒にと言っても、経験が浅く、とても不勉強な私は小堀さんを大いに手こずらせる新参者でした。人まねばかりのどうしようもない私の文章を赤ペンで真っ赤になる程書き替えの指示を入れて返される。いつまでたっても認めてもらえない苦悩の日々を過ごしましたが、考えてみればこれほどまでに細部にわたり手直しをして、指導してくれる人は他にいない。これはありがたいことではないのか、といつしか思い始め、そんなことを毎日のようにくり返しながら、小堀さんの厳しさの中に優しさを感じとり、だんだん打ち解けていくことが出来、酒を酌み交わす仲間に入れていただくことが出来ました。

　同郷であったからか、小堀さんが高校三年生のときに体験された住友金属和歌山製鉄所の拡張海面埋立工事の反対運動のことをよく話してくれました。ハンガーストライキを実施した恩師、宇治田一也先生が命をかけて守ろうとした郷里の美しい海岸。私は幼い頃の出来事であったためその事を全く知らず、当時の美しい姿も見たことはありませんでしたが、帰省した折りに見に行ったその海岸には、真っ赤にさびた色の工場地帯が広がっており、既に全盛期の活気が失われた不気味とも言える姿と対照的な美しい海の色に涙が出るほどの切なさを感じました。

元々は数学や物理が得意であったという小堀さんがなぜか大学は文学部に進まれました。神職になろうと思われたのも環境破壊とは無縁の世界に身を置きたいという思いがあったからだと話されていたことを思い出します。そこには宇治田先生の師で小堀さんも師事された保田與重郎先生の存在が大きかったのだと思います。

保田與重郎先生は神宮の祭祀は農業に関係し、米作りの行事であること、天皇の祭祀であることを見いだされていた文人で学生時代の小堀さんに多大な影響を与えた人物です。昭和四十年代の国の減反政策に「わが国の稲の文明」について歴史と文学の立場から正気の評論を貫かれた先生に影響を受け、神宮の神職になることを志した小堀さんは、祭祀、特に神嘗祭や神宮式年遷宮についての研究に没頭し、『ニヒナへの分化と発達―践祚大嘗祭と神宮式年遷宮―』を発表されました。その後も『魂の原郷』『天へのかけはし』などに神まつりの体験や、亡き恩師への哀悼や環境問題に苦悩する思いを詩人の言葉で語り綴られました。小堀さんは神々に仕える神主となって、お二人の先生と同じ道を歩まれることを心に誓っていたのだと思います。

理系肌で合理的な思考と歴史、文学に博学な小堀さんは神宮の事務や業務でも多才を発揮されていました。神宮禰宜に任ぜられ綜合企画室長、広報室長、祭儀部長、せんぐう館初代館長を歴任されていた頃は、私は既に退職し、郷里の神社の宮司を継いでいましたので一緒に仕事をすることは出来ませんでしたが、古代から現代にまでつづく伊勢の神宮のあるべき姿を一貫としてもっていた小堀さんは固い意志をもち、数々の難題にも決着点を見いだし決断力と実行力を発揮していました。

そんな猛烈ともいえる仕事ぶりの傍ら、家に帰ると家庭の人であったことを知る人は少ないと思います。小堀さんは残業せずに定時に帰ります。家に帰ると目の不自由な奥さまを扶けて、夕食の支度や風呂掃除といった家事に取りかかります。家族との夕食を済ませて午後八時頃から自分の時間が訪れますが、テレビを見てくつろぐことは無く、研究や物書きに耽り明け方になることもあったようです。神職は参籠（お祭りの前日に神社にお籠もりする）や当直が多くあり家を空ける日がとても多いわけですが、留守中の段取りも周到に用意されていたようです。

人情にあつく心根の優しい人だった小堀さんは、交友関係も広くいろんな方々とのお付き合いがあり、自宅に招いてもてなすことを大切にされていました。私が初めてご自宅へお招きいただいたとき、小堀さんがせっせとグラスやお料理を台所から運んで下さり、慣れた動きでお世話して下さいました。大変恐縮するやら、普段職場で見ることのできない小堀さんの姿に、とても驚いたことを昨日のように思い出します。

私は十三年間神宮にお仕えしましたが、その内の七年間を小堀さんの元で働くことが出来ました。退職して二十年になりますが小堀さんは毎年、伊勢を訪れる私のために親しかった仲間たちを集めて下さり親睦の場を設けてくださいました。そこで普段の研究の成果を聞いたり、議論しあったりなつかし話に花を咲かせたりして、宮司になった私に力を与えて下さいました。私のかけがえのない師であり恩人です。

小堀さんは定年を迎え神宮を退職したあと、どんなところでも良いから近くの神社にお仕えすることが出来ないだろうかとよく言われていました。神職身分特級・浄階という最高位につかれていたので、なかなか畏れ多くて迎えられる神社がなかったのでしょう。間もなくして自身の研究に没頭できる処をということで空き家を買い取り、「古市重寶庵（ちょうほうあん）」を構えました。来る者拒まず、皆が集まる場として重宝される場所と言う意味で名付けたのだと自慢げに話されていました。

やがて小堀さんは靖國神社宮司に就任することになります。靖國神社は天皇陛下が御親拝になられる特別な神社です。創立の経緯から国との関係が深く、政治問題等に阻まれ、今は御親拝が途絶えたままとなっている二百四十六万六千余柱の御英霊の御霊を憂い、なんとかできないものかという一心で就任を受諾されました。御親拝がかなう道筋を模索する、捨て石になる覚悟で自分の全てのキャリアをかけて挑もうとされていたのです。残念ながらその思いは届かず、自ら職を辞する事になってしまいました。『歌集走錨の令和』にはその思いの一端が記されています。

伊勢に戻られた小堀さんは『第六十三回神宮式年遷宮、奉賛の道理と課題』を著し、戦後、国家と分離され国費支弁を絶たれた神宮式年遷宮を前にして先人たちが「真姿顕現」の課題と向き合い、「聖旨奉戴（天皇陛下のご発意を仰ぐ）」と「天皇垂範（奉賛金の御献進）」、

「神宮式年遷宮奉賛会が公益法人として設立する」という現行制度に至るまでの足跡を一冊に纏めました。これは、現憲法下においての制度的制約の中にあっても「国家第一の重事たる大営　神宮式年遷宮」の意義を一歩ずつ高めて行く努力を惜しんではならないという小堀さんの思いが込められていると思います。これからの神宮式年遷宮を担う次世代の方たちの指標となる一冊です。

そして本書『はじまりの神道神学、希望への道標』は生涯神主として神々に仕え歩み続けた「神ながらの道」から導き出された神道神学です。清らかな神宮の神域で永い時を過ごした体験から日本の神とは何かと言うことを上代の古典に求め明らかにしています。そして、慎ましやかで自然の中に暮らしてきた日本人を大きく変容させてしまった近代文明と思想、特に石炭、石油文明と原子力発電を痛烈に批判し、滅びに向かってゆく人類がたどり着くべき道は、神道の文化をもつ日本人が忘れてはならない神と自然への畏敬の念と暮らしぶりの中にあるということを丁寧に紐解き、いまや世界的課題となった環境問題にむけて神社神道が、ひいては日本が発信すべき提言になると信じて後世に託された神道神学書と言えるでしょう。

どうかこの書が神職や神社関係者に留まらず、あらゆる業界の人たちの手に渡り日本人が過ごしてきた自然と共にある生き方の知恵を見直し、現代を問い直す道標になることを念願いたします。

令和五年十月二十二日

塩崎昇（しおざき のぼる）

昭和四十二年、〈和歌山県海南市日方鎮座〉伊勢部柿本神社の社家の長男として生まれる。平成二年、皇學館大学文学部神道学科を卒業。同年四月伊勢の神宮に奉職。平成十五年三月に退職し、同年四月に伊勢部柿本神社禰宜、和歌山県神社庁主事を拝命。平成二十三年三月に和歌山県神社庁を退職し、同年十月に伊勢部柿本神社宮司に就任。現在、和歌山県神社庁教化副委員長和歌山県神社庁研修所講師、神道政治連盟和歌山県本部幹事長を務めている。

参考文献1

（本書内にて紹介された文献。重複する場合は初出の頁のみ、江戸期より前に成立した文献のうち、一般に入手しにくいものは名称のみ記載しています）

11『日本書紀』　岩波書店『日本古典文学大系』　昭和42年（１９６７）

13『新宗教辞典』　井上順孝・中牧弘允・孝本貢・西山茂・対馬路人 編　弘文堂　平成2年（１９９０）

17『古事記』　岩波文庫　令和元年（２０１９）

17『万葉集』　小学館　日本古典文学全集　昭和41年（１９７１）

17『和名類聚抄』

28『延喜式』

42『日本人の神』　大野晋　河出書房　平成13年（２００１）

55『養老令』

74『古語拾遺』　岩波文庫　令和４年（２０２２）

75『令義解』

76『年中行事秘抄』

92『東雅』　新井白石

118『琴歌譜』

128『神（一語の辞典）』　大野晋　三省堂　平成9年（１９９７）

128『古典基礎語辞典』　大野晋　角川学芸出版　平成23年（２０１１）

131『和泉式部集』

131『和泉式部続集』

133 『群書類従』

133 『律令』

134 『梁塵秘抄』

136 『第六十三回神宮式年遷宮、奉賛の道理と課題』 小堀邦夫 和器出版 令和5年（２０２３）

137 『西暦２０００年の地球〈1〉人口・資源・食糧編／〈2〉環境篇』 アメリカ合衆国政府 逸見謙三・立花一雄監訳 家の光協会 昭和55年（１９８０）

137 『日本その日その日』 エドワード・シルベスター・モース 講談社 平成25年（２０１３）

137 『自然真営道』 安藤昌益 講談社学術文庫 令和3年（２０２１）

139 『和歌山の公害―海岸線の埋立て開発をめぐって』 梶川哲司 ウィング出版部 平成29年（２０１７）

139 『20世紀日本人名事典』 日外アソシエーツ 平成16年（２００４）

140 『海があちらへ死んで行く―早すぎた「自然」を守る闘い ハンスト33日間の記録』 松本英昭 私家版 昭和45年（１９７０）

145 『石油と原子力に未来はあるか―資源物理学の考え方（増補）』 槌田敦 亜紀書房 昭和63年（１９８８）

145 『石油文明の次は何か』 槌田敦 農山漁村文化協会 昭和56年（１９８１）

145 『君はエントロピーを見たか？―地球生命の経済学』 室田武 朝日新聞社 平成3年（１９９１）

145 『「鎖国」の経済学―オルタナティブ・エコノミクスを求めて』 大崎正治 JICC出版局 昭和56年（1981）

147 『絶対平和論／明治維新とアジアの革命』 保田與重郎 新学社 平成14年（２００２）

147 『日本浪曼派の時代』 保田與重郎 新学社 平成11年（１９９９）

151 『統道真伝（上）・（下）』 安藤昌益 岩波書店 昭和48年（１９７３）

151 『孔子一世辨記』 安藤昌益

151 『安藤昌益と自然真営道』 渡辺大濤 農山漁村文化協会 平成7年（１９９５）

151　『自然真営道』　安永寿延　平凡社　昭和51年（1976）
151　『安藤昌益』　安永寿延　平凡社　昭和51年（1976）
157　『資本論』　カール・マルクス　筑摩書房　平成17年（2005）
158　『マルクス・エンゲルス全集19巻』　C・マルクス　F・エンゲルス　大月書店　昭和34年（1959）
168　『生きものの条件』　宮脇昭　柏樹社　昭和51年（1976）
168　『エネルギーとエントロピーの経済学―石油文明からの飛躍』　室田武　東洋経済新報社　昭和54年（1979）
168　『水の文化史』　富山和子　文藝春秋　平成25年（2013）
171　『絵巻物に見る日本庶民生活誌』　宮本常一　中央公論社　昭和56年（1981）
174　『工業社会の崩壊』　槌田劭　四季書房　昭和54年（1979）
177　『北野天神縁起』
180　『歴史の読み方』　渡辺昇一　祥伝社　平成3年（1991）
180　『稲作文化と日本人』　玉城哲　現代評論社　平成9年（1977）
184　『日本国勢図会』
189　『インドの心』　津田元一郎　日本評論社　昭和55年（1980）
190　『アフガニスタンとイラン―人とこころ―』　津田元一郎　アジア経済研究所　昭和52年（1977）
190　『日本的発想の限界―イラン・アフガニスタン・東南アジアの真相』　津田元一郎　弘文堂　昭和56年（1981）
191　『雷帝東方より来たる』　田中正明　自由国民社　昭和54年（1979）
193　『土は呼吸する―現代のピラミッドは生き残れるか』　薄井清　社会思想社　昭和51年（1976）
195　『新版 原子力の経済学』　室田武　日本評論社　昭和56年（1981）
196　『エネルギー―未来への透視図』　槌田敦　日本書籍　昭和55年（1980）
199　『ソビエト帝国の崩壊』　小室直樹　光文社　令和4年（2022）

199『アメリカの逆襲―宿命の対決に日本は勝てるか』小室直樹　光文社　昭和55年（1980）
199『新戦争論―〝平和主義者〟が戦争を起こす』小室直樹　光文社　昭和56年（1981）
200『旅の詩人 芭蕉』中谷孝雄　実業之日本　昭和52年（1977）
202『日本幽囚記』ゴロヴニン／井上満訳　岩波書店　昭和18年（1943）
205『鳥見のひかり』（保田與重郎文庫14）保田與重郎　新学社　平成13年（2001）
205『日向国風土記』逸文（『風土記』下巻に収載　中村啓信 監修・訳注 角川ソフィア文庫）平成27年（2015）
208『延喜式祝詞講義 巻1～巻15』鈴木重胤　国書刊行会　平成2年（1989）
209『折口信夫全集』折口信夫　中央公論社　平成7年（1995）
211『倭姫命世記』
212『大嘗祭の本義』折口信夫　ゴマブックス　平成29年（2016）
214『古代祭政と穀霊信仰』三品彰英　平凡社　昭和48年（1973）
216『天照大御神・研究篇二』神道文化会創立三十五周年記念出版委員会　神道文化会　昭和39年（1964）
227『日本三代実録』
228『日本後紀』
231『続日本紀』
231『大宝令（大宝律令）』
232『律令の研究』瀧川政次郎　名著普及会　昭和63年（1988）
233『飛鳥浄御原令』
233『二所太神宮例文』
234『皇太神宮儀式帳』
242「ケガレの生死」小堀邦夫　神社本庁共学研究所紀要第五号　平成12年（2000）

242『ここにしかない源典研究による本当の仏教』 鈴木隆泰 興山舎 平成26年（2014）
243『人は死んだらどこへ行けばいいのか―現代の彼岸を歩く』 佐藤弘夫 興山舎 令和3年（2021）
246『アンネナプキンの社会史』 小野清美 宝島社 平成12年（2000）
248「触穢制度史稿」 神道学／神道学会編 昭和63年（1988）
249『葬儀の歴史』 芳賀登 雄山閣 平成3年（1991）
249『ケガレ』 波平恵美子 講談社 平成21年（2009）
249『穢と大祓』 山本幸司 解放出版社 平成21年（2009）

参考文献2（テーマ別に著者選定）

◇近世と植民地主義

『東方見聞録』 マルコポーロ／青木富太郎訳 社会思想社 昭和44年（1969）
『東インド会社とアジアの海（興亡の世界史 第十五巻）』 羽田正 講談社 平成19年（2007）
『大英帝国という経験（興亡の世界史 第十六巻）』 井野瀬久美恵 講談社 平成29年（2017）
『豊臣秀吉と南蛮人』 松田毅一 朝文社 平成4年（1992）
『南蛮史料の発見―よみがえる信長時代』 松田毅一 中央公論社 昭和39年（1964）
『侵略の世界史―この500年、白人は世界で何をしてきたか』 清水馨八郎 祥伝社 平成13年（2001）
『明治文化全集第十一巻（「宗教篇」）』 吉野作造 編集代表 日本評論社 昭和3年（1928）
『切支丹鮮血遺書《きりしたんちしほのかきおき》』 松崎實／ヴィリオン神父原著 改造社 大正15年（1926）
『現代語訳 切支丹鮮血遺書』 松崎實／入江浩訳 燦葉出版社 平成8年（1996）
『教会と人種主義』 教皇庁・正義と平和評議会 カトリック中央協議会 平成2年（1990）

『さらばモンゴロイド―「人種」に物言いをつける』　神部武宣　生活書院　平成19年（２００７）
『人種の表象と社会的リアリティ』　竹沢泰子編　岩波書店　平成21年（２００９）
『アーリアン学説の再検討―西欧史学へのインドからの反証―』　津田元一郎　名古屋大学医療技術短期大学部　昭和62年（１９８７）
『武士の娘』　杉本鉞子／大岩美代訳　筑摩書房　平成６年（１９９４）
『黄禍論―百年の系譜』　廣部泉　講談社　令和２年年（２０２０）

◇大アジア主義と脱亜入欧思考

『明治維新と東洋の解放』　葦津珍彦　新勢力社　昭和39年（１９６４）
『大アジア主義と頭山満』　葦津珍彦　葦津事務所　平成20年（２００８）
『大アジア（千夜千冊エディション）』　松岡正剛 執筆構成　ＫＡＤＯＫＡＷＡ　令和２年（２０２０）
『明治維新と国学者』　阪本是丸　大明堂　平成５年（１９９３）
『神風連とその時代』　渡辺京二　葦書房　昭和52年（１９７７）
『北一輝』　渡辺京二　筑摩書房　平成19年（２００７）
『評伝・宮崎滔天』　渡辺京二　書肆心水　平成18年（２００６）
『日本の国士 日本人にとってアジアとは何か』　渡辺京二・頭山満・橋川文三・他　有斐閣　昭和57年（１９８２）
『雲に立つ―頭山満の「場所」』　松本健一　文藝春秋　平成８年（１９９６）
『三国干渉以後』　満川亀太郎　論創社　平成16年（２００４）
『かたくなにみやびたるひと・乃木希典』　乃木神社総代会編　展転社　平成30年（２０１８）

◇大東亜戦争と新植民地主義

『ビルマの夜明け』　バー・モウ／横堀洋一訳　太陽出版　昭和48年（1973）
『大東亜共栄圏―ビルマ・インドへの道』　森山康平　栗崎ゆたか　新人物往来社　昭和51年（1976）
『藤原（F）機関―インド独立の母』　藤原岩市　原書房　昭和45年（1970）
『インド国民軍―もう一つの太平洋戦争―』　丸山静雄　岩波書店　昭和60年（1985）
『アジアに生きる大東亜戦争』　ASEANセンター編　展転社　昭和63年（1988）
『世界が愛した日本―戦場に舞い降りた奇跡の感動秘話―』　四條たか子／井沢元彦監修　竹書房　平成25年（2013年）
『白の墓碑銘―従軍看護婦の記録』　医療文芸集団編　東邦出版社　昭和43年（1968）
『英国人記者が見た―連合国戦勝史観の虚妄』　ヘンリー・S・ストークス　祥伝社　平成25年（2013）
『新「南京大虐殺」のまぼろし』　鈴木明　飛鳥新社　平成11年（1999）
『「南京事件」の総括』　田中正明　小学館　平成19年（2007）
『通州事件〈目撃者の証言〉』　藤岡信勝編　自由社ブックレット　平成28年（2016）
『大東亜戦争の実相』　瀬島龍三　PHP研究所　平成12年（2000）
『東京裁判とは何か』　田中正明　日本工業新聞社　昭和58年（1983）
『「BC級裁判」を読む』　半藤一利・秦郁彦・保阪正康・井上亮　日本経済新聞出版社　平成27年（2015）
『東京裁判・日本の弁明』　小堀桂一郎編　講談社　平成7年（1995）
『東京裁判を問う〈国際シンポジウム〉』　細谷千博・安藤仁介・大沼保昭編　講談社　平成元年（1989）
『〈共同研究〉パル判決書（上）・（下）』　東京裁判研究会　講談社　昭和59年（1984）
『現人神の創作者たち』　山本七平　筑摩書房　平成19年（2007）
『静かなる細き声（山本七平ライブラリー⑯）』　山本七平　文藝春秋　平成9年（1997）
『昭和天皇―畏るべき「無私」』　松本健一　ビジネス社　平成25年（2013）

『和辻哲郎と昭和の悲劇―伝統精神の破壊に立ちはだかった知の巨人』 小堀桂一郎 ＰＨＰ研究所 平成29年（２０１７）
『「戦艦大和」と戦後』 吉田満文集／保阪正康編 筑摩書房 平成17年（２００５）
『震洋発進』 島尾敏雄 潮出版社 昭和62年（１９８７）
『自決と玉砕―皇国に殉じた人々』 安田武・福島鋳郎編 朝文社 平成5年（１９９３）
『新装版 日系アメリカ人のエスニシティ―強制収容と補償運動による変遷』 竹沢泰子 東京大学出版会 平成29年（２０１７）
『中国が世界をメチャクチャにする』 ジェームズ・キング・栗原百代訳 草思社 平成18年（２００６）
『異形の大国・中国―彼らに心を許してはならない―』 櫻井よしこ 新潮社 平成20年（２００８）
『中国はなぜ「軍拡」「膨張」「恫喝」をやめないのか』 櫻井よしこ・北村稔・国家基本問題研究所編 文芸春秋 平成24年（２０１２）
『愛国』 鈴木明 文芸春秋 昭和57年（１９８２）
『島根県竹島の新研究 復刻・私家版』 田村清三郎 私家版 平成8年（１９９６）
『抹殺された日本人の現代史』 小日本社編 全貌社 平成7年（１９９５）

◇環境問題と21世紀の混迷

『恐るべき酸性雨・水と緑を破壊する複合汚染』 谷山鉄郎 合同出版 平成元年（１９８９）
『恐るべきゴルフ場汚染・生態系を破壊するリゾート開発と農薬禍』 谷山鉄郎 合同出版 平成2年（１９９０）
『日本ゴルフ列島―失われる森、汚される水―』 谷山鉄郎 講談社 平成3年（１９９１）
『遺伝子汚染・環境汚染の次に来るものは何か』 中原英臣・佐川峻 徳間書店 昭和62年（１９８７）
『マイカー亡国論』 湯川利和 三一書房 昭和43年（１９６８）
『自動車よ驕るなかれ』 富山和子 サイマル出版会 昭和45年（１９７０）

『環境って何だ・発電所はもういらない』 松下竜一・環境権訴訟をすすめる会編 ダイヤモンド社 昭和50年（1975）
『渚と日本人―入浜権の背景』 高崎裕士・高桑守史 日本放送出版協会 昭和51年（1976）
『農業の崩壊と抵抗』 薄井清 三一書房 昭和52年（1977）
『熱汚染』 西沢利栄 三省堂 昭和52年（1977）
『原発ジプシー〈増補改訂版〉』 堀江邦夫 現代書館 平成23年（2011）
『東京に原発を』 広瀬隆 集英社 昭和61年（1986）
『『現代農業』9月増刊号「反核反原発・ふるさと便り」―土と潮の声を聞け』 福島・浪江 舛倉隆以下27名執筆 農山漁村文化協会 昭和63年（1988）
『最後の話・死の灰と世紀末』 広瀬隆 八月書館 平成3年（1991）
『原発被爆列島〈新装改訂版〉』 樋口健二 三一書房 平成23年（2011）

◇終末植民地主義克服への道

『日本に祈る』 保田與重郎 新学社 平成13年（2001）
『本居全集（本居宣長全集、本居春庭全集、本居大平全集、本居内遠全集）』 本居清造編 吉川弘文館 大正15年（1926）
『宮本常一著作集 第15巻・日本を思う』 宮本常一 未来社 昭和48年（1973）
『反暴力の手法』 ランザ・デル・ヴァスト／西尾昇訳 新泉社 昭和55年（1980）
『植物と人間―生物社会のバランス』 宮脇昭 日本放送出版協会 昭和45年（1970）
『いのちの未来―植物が教える人類の進むべき道』 宮脇昭 サンガ 平成21年（2009）
『照葉樹林文化の道―ブータン・雲南から日本へ』 佐々木高明 日本放送出版協会 昭和57年（1982）
『水と緑と土―伝統を捨てた社会の行方』 富山和子 中央公論新社 平成22年（2010）
『新装版 道は生きている―自然と人間』 富山和子 講談社 平成24年（2012）

『日本再発見―水の旅』 富山和子 文藝春秋 昭和62年（１９８７）
『日本の米―環境と文化はかく作られた』 富山和子 中央公論新社 平成5年（１９９３）
『海は生きている』 富山和子 講談社 平成29年（２０１７）
『文明の農業的基礎』 栗原藤七郎 家の光協会 昭和51年（１９７６）
『進化とはなにか』 今西錦司 講談社 昭和51年（１９７６）
『共生の時代―使い捨て時代を超えて』 槌田劭 樹心社 昭和60年（１９８５）
『資源物理学入門』 槌田敦 日本放送協会 昭和57年（１９８２）
『エントロピーとエコロジー再考―生態系の循環回路―』 柴田篤弘・槌田敦 創樹社 平成4年（１９９２）
『エコロジー神話の功罪―サルとして感じ、人として歩め』 槌田敦 ほたる出版 平成9年（１９９７）
『〈新版〉原子力の経済学』 室田武 日本評論社 昭和61年（１９８６）
『マイナス成長の経済学』 室田武 農山漁村文化協会 昭和62年（１９８７）
『地球環境の経済学』 室田武 実務教育出版 平成7年（１９９５）
『水と人間の共生』 大崎正治 農山漁村文化協会 昭和61年（１９８６）
『フィリピン国ボントク村―村は「クニ」である―』 大崎正治 農山漁村文化協会 昭和62年（１９８７）
『第三の道―インドと日本とエントロピー』 糸川英夫 中公文庫 平成6年（１９９４）
『エントロピーの法則―21世紀文明観の基礎』 ジェレミー・リフキン／竹内均訳 祥伝社 昭和57年（１９８２）
『エントロピーの法則Ⅱ―21世紀文明の生存原理―』 ジェレミー・リフキン／竹内均訳 祥伝社 昭和58年（１９８３）
「未来への指標―神宮とお祭り― 工業社会の本質を考えるために」 小堀邦夫 神宮司庁『瑞垣』２２９号 平成26年（２０１４）
『モースの見た日本（モースコレクション 民具編）』 エドワード・シルベスター・モース／小西四郎・岡秀行 編集 小学館 平成17年（２００５）

『百年前の日本（モースコレクション 写真編）』 エドワード・シルベスター・モース／小西四郎・岡秀行 編集 小学館 平成17年（2005）
『コンヴィヴィアリティのための道具』 イヴァン・イリイチ／渡辺京二・渡辺梨佐 訳 筑摩書房 平成27年（2015）
『逝きし世の面影』 渡辺京二 平凡社 平成17年（2005）
『増補 近代の呪い』 渡辺京二 平凡社 令和5年（2023）
『人新世の「資本論」』 斎藤幸平 集英社 令和2年（2020）

◇世の平安を守る靖國神社祭神

『靖国神社とはなにか―資料研究の視座からの序論―』 春山明哲 国立国会図書館（政府刊行物） 平成18年（2006）
『靖國の精神史―日本人の国家意識と守護神思想』 小堀桂一郎 PHP研究所 平成30年（2018）
『靖國論集―日本の鎮魂の伝統のために』 江藤淳・小堀桂一郎 編集 近代出版社 平成16年（2004）
「靖國信仰に見る日本人の霊魂観」 小堀桂一郎 明治聖徳記念学会紀要（復刻第44号） 平成19年（2007）
「〝靖国神社〟の要件と合祀の来歴」 所功 藝林・第55巻第2号 平成18年（2006）
「靖國神社の歴史と祭神をめぐる覚書」 阪本是丸 東京都神社庁研修所・教養研修会 平成27年（2015）
『靖国神社』 大江志乃夫 岩波書店 昭和59年（1984）
『靖国』 坪内祐三 文藝春秋 令和4年（2022）
『別冊正論33』「御親拝への障礙は除去できてゐる」 小堀桂一郎 産経新聞社 平成30年（2018）
『戦争責任と靖国問題―誰が何をいつ決断したのか』 山本七平 さくら舎 平成26年（2014）
『皇太子の窓』 E・G・ヴァイニング／小泉一郎訳 文藝春秋 平成27年（2015）
『靖国神社が消える日』 宮澤佳廣 小学館 平成29年（2017）
『民俗小事典・死と葬送』 新谷尚紀・関沢まゆみ編 吉川弘文館 平成17年（2005）

『日本人の死のかたち―伝統儀礼から靖国まで』　波平恵美子　朝日新聞社　平成16年（２００４）
「近代日本における『怨親平等』観の系譜」　藤田大誠　明治聖徳記念学会紀要（復刊第44号）　平成19年（２００７）
『よくわかる「皇室制度」』　藤本頼生　神社新報社　平成29年（２０１７）
『日本神道史』　岡田莊司編　吉川弘文館　平成22年（２０１０）
『伊勢神宮のこころ、式年遷宮の意味』　小堀邦夫　淡交社　平成23年（２０１１）

小堀邦夫（こほり くにお）

神道家（神職身分、特級・浄階）、神道文化研究者、作家

［**略歴**］

昭和 25 年（1950）	和歌山県海草郡加太（現和歌山市）に生まれる
昭和 44 年（1969）	和歌山県立桐蔭高等学校卒業。在学中に恩師宇治田一也氏を通じて、生涯師事することになる保田與重郎氏に面識を得る。京都府立大学文学部日本文化史学専攻課程へ進学。皇學館大学大学院文学研究科国史学専攻修士課程、國學院大學神道学専攻科を修了。文学修士
昭和 52 年（1977）	神宮（伊勢神宮）に奉職
平成 8 年（1996）	米ハーバード大学に招かれる。同大学主催「神道とエコロジー」のシンポジウムにて「神宮の本質-yayoi-replicater」と題する講演を行う
平成 18 年（2006）	神宮の禰宜となる。以降、せんぐう館初代館長など要職を歴任
平成 30 年（2018）	靖國神社 第十二代宮司
令和 5 年（2023）	逝去

［**著書**］

『天へのかけはし』（ＪＤＣ 昭和 52 年）
『ニヒナの文化と発達～践祚大嘗祭と神宮式年遷宮』（世界文化社 平成 2 年）
『魂の原郷』（ＰＨＰ研究所 平成 8 年）
『伊勢神宮』（保育社 平成 8 年）
『伊勢神宮のこころ、式年遷宮の意味』（淡交社 平成 23 年）
『一年日誌　ほくほく改元万世開運詩集』（日本伝習所 平成 30 年）
『歌集 走錨の令和』（梅田出版 令和元年）
『第六十三回神宮式年遷宮、奉賛の道理と課題』（和器出版 令和 5 年）
共著『英霊の行方、国の行末』本間尚代・小堀邦夫（日本伝習所 令和 3 年）

［**論文**］

「工業社会の一神主」（『瑞垣』一二三号）
「文化誌日本・三重県」（講談社刊 共同執筆）
「芭蕉の伊勢参宮」（『東海ジャーナル』第二巻第三号）
など

はじまりの神道神学、
希望への道標

二〇二四年二月十七日 初版

著者 小堀邦夫

発行者 佐藤大成
発行所 和器出版株式会社
〒一五〇―〇〇〇一
東京都渋谷区神宮前三―一四―一五 石崎ビル二〇二
〇三―五二一三―四七六六
https://wakishp.com/ info@wakishp.com
デザイン 松沢浩治（ダグハウス）
印刷製本 藤原印刷株式会社

ISBNコード 978-4-908830-25-9
※定価は裏表紙に表示してあります。